DISCLAIMER

The author and publisher are providing this book and its contents on an "as is" basis and make no representations or warranties of any kind with respect to this book or its contents. The author and publisher disclaim all such representations and warranties, including but not limited to warranties of merchantability. In addition, the author and publisher do not represent or warrant that the information accessible via this book is accurate, complete, or current.

Except as specifically stated in this book, neither the author nor publisher, nor any authors, contributors, or other representatives will be liable for damages arising out of or in connection with the use of this book. This is a comprehensive limitation of liability that applies to all damages of any kind, including (without limitation) compensatory; direct, indirect, or consequential damages; loss of data, income, or profit; loss of or damage to property; and claims of third parties.

FIRST EDITION - Published 2021

Extra Graphic Material From: www.freepik.com
Thanks to: Alekksall, Starline, Pch.vector,
Dgim-studio, Upklyak, Macrovector
& Freepik.com Designers

This Book Offers Free Bonus Puzzles

Available Here:

BestActivityBooks.com/WSBONUS20

5 TIPS TO START!

1) HOW TO SOLVE

The Puzzles are in a Classic Format:

- Words are hidden without breaks (no spaces, dashes, ...)
- Orientation: Forward & Backward, Up & Down or in Diagonal (can be in both directions)
- Words can overlap or cross each other

2) LEVEL UP THE GAME!

A space is provided next to each word to write new ones, translations or notes. We also offer a convenient **NOTEBOOK** at the end of this edition. It can help you organize your annotations, new words and/or observations.

3) TAG YOUR WORDS

Have you tried using a tag system? For example, you could mark the words which have been difficult to find with a cross, the ones you loved with a star, new words with a triangle, rare words with a diamond and so on...

4) EASY TO CUT!

The Puzzles come with an Extra Large margin to easily cut the page out of the book. Some people may feel it more convenient to solve them this way.

5) FINISHED?

Go to the bonus section: **MONSTER CHALLENGE** to find a free game offered at the end of this edition!

Want **more fun** and activities to **relax? It's Fast and Simple!** An entire Game Book Collection **just one click away!**

Find your next challenge at:

BestActivityBooks.com/MyNextWordSearch

Ready, Set... Go!

Did you know there are around 7,000 different languages in the world? Words are precious.

We love languages and have been working hard to make the highest quality books for you. Our ingredients?

One part easy-to-read print, three parts entertainment, then we add some challenging words and a pinch of rare ones. We brew them with care to serve you lots of fun and an opportunity to solve the best puzzles.

Your feedback is essential. You can be an active participant in the success of this book by leaving us a review. Tell us what you liked most in this edition!

Here is a short link which will take you to your Amazon orders review page.

BestBooksActivity.com/Review50

Thanks for your fidelity and enjoy the Game!

 Delta Classics Team

Puzzle 1

的 里 凑 傲 状 他 高 父 事 伊 词 安 释 破 绍
况 下 里 信 儿 的 科 学 家 业 汇 活 行 驴 情
的 社 会 之 前 童 要 主 号 欲 租 光 ！ 袖 后
里 状 延 父 咨 的 源 携 亲 持 豆 平 驱 遥 碰
回 音 平 己 释 童 规 而 先 近 有 错 情 因 情
资 情 当 后 驱 发 先 情 亮 建 远 复 他 平 平
加 源 事 但 释 菊 趣 祖 近 能 趣 破 自 股 部
乎 露 人 是 驱 花 不 肢 建 先 地 热 己 的 的
喜 差 貌 梁 音 栏 遇 年 毁 洗 绍 桌 蛾 捕 不
热 损 惨 村 乐 能 虫 面 信 澡 幸 决 股 书 复
紧 不 稻 光 喜 磨 股 秘 电 循 放 被 捕 况 滑
充 过 行 源 礼 曲 插 年 摇 环 充 法 书 项
特 人 重 数 四 线 入 面 雨 顶 想 蛾 况
活 诺 类 下 定 野 降 秘 量 便 的 坠 项

循环
他自己
想法
儿童
词汇
插入
菊花
资源
洗澡
当事人

音乐
的科学家
咨询
之前
事业
雨量
的社会
被捕
曲线
但是

Puzzle 2

```
分 享 素 答 究 股 自 ！ 书 试 电 复 息 行 遇
增 梳 许 事 件 乐 趣 排 肥 不 惫 周 太 数 循 亲
闲 子 恐 驴 转 本 了 领 镜 的 现 机 末 香 信 呼 回
也 人 填 损 本 错 口 通 的 野 机 诺 提 示 好 最 吸
源 心 音 究 梁 生 摇 碰 ！ 马 木 礼 遇 重 特 主 出 虎
驱 规 究 便 驴 从 肢 的 睇 吓 见 望 中 她 休 伏
部 运 便 貌 几 情 马 撞 ！ 察 高 远 他 己 透 加
信 虑 雨 礼 液 位 行 泽 重 理 自 紫 查 战
要 喜 紧 租 瞬 恐 木 ＞ 龄 希 每 己 决 年 略
路 桌 联 本 间 行 ＞ 望 请 他 而 的 区 皂
径 洁 接 高 马 回 凑 稻 头 部 紫 解 的 条
清 衡 木 ！ 得 他 稻 希 脑 己 色 活 村
树 保 查 稻 自 行 们 望 乎 的 树 也
树 树 查 透 建 出 的 加 肥 ２
```

瞬间
分享
头脑
战略
每个
太阳
实现
呼吸
路径
提示

液位
周末
紫色
清洁
希望
事件
联接
睇吓！
他们的
她自己

Puzzle 3

眼	静	保	底	醋	凑	充	许	书	露	怖	本	龄	伊	瑞
睛	焕	乃	究	里	焕	观	动	镜	思	邀	见	子	动	选
理	底	察	量	有	基	碎	不	貓	心	心	的	子	坠	建
驱	人	木	四	秀	地	释	增	来	照	袜	租	新	趣	部
国	才	保	恐	利	润	之	肉	近	相	子	更	面	增	解
家	平	心	子	修		持	娱	绍	机	人	察	排	飞	静
不	票	苦	权	研	考	镜	葵	花	子	平	中	择	螺	分
磨	程	凑	自	情	驴	几	河	马	生	倍	选	区	书	母
周	长	升	分	书	少	滑	领	其	他	的	恐	乐	皂	亲
肥	旋	地	通	乐	诺	乎	噪	克	定	身	理	祖	号	高
饲	木	升	旋	减	委	遇	先	落	父	类	人	信	水	举
露	料	见	数	修	高	诺	会	技	雪	的	日	的	牛	伏
紧	摇	家	透	坠	特	委	员	术	动	心	镜	幸	城	降
透	摇	马	透	特	傲	保	动	祖	马	好	碰	栗	虫	虎

其他

减少

技术

利润

水牛城

葵花子

照相机

家长

委员会

河马

的袜子

周长

选择

螺母

更新家

国眼睛

人才

饲料

基地

Puzzle 4

有 凑 皂 了 回 来 开 坠 要 复 紧 也 答 树 摇
要 么 租 泽 部 环 优 车 行 自 功 能 父 。 建
必 紧 自 中 栗 地 欲 伊 泽 豆 衡 他 懒 苹 于
来 虫 的 行 胶 放 遇 袋 信 答 电 车 惰 果 素
碎 典 摇 旋 秘 思 高 几 斑 驱 乐 最 情 型 人
亲 过 茶 壶 原 谅 我 情 摇 马 而 试 子 疲 雪
答 摇 坠 的 和 肥 于 领 发 他 香 事 欲 醋 村
考 透 不 不 自 乃 平 研 充 保 了 奶 蠕 了 理
分 乐 雪 行 行 焕 动 克 不 鳍 增 奶 醒 他 护
热 信 肉 车 煲 疲 课 饭 栏 有 磨 举 的 欲 恢
见 透 行 书 稻 堂 雨 恢 桌 的 间 然 后 然 草
亲 士 惊 老 热 人 顶 子 权 远 先 士 否 安 特
里 珍 贵 冰 丁 便 貓 。 四 建 基 定 面 试
选 袋 栏 霜 豆 亲 露 本 士 皂 基 定 面 损

然后
稻草人
开车
必要
奶奶
懒惰
茶壶
原谅我
苹果
课堂

冰霜
功能
否定
珍贵
和平
的自行车
电车
自行车
斑马
要么

Puzzle 5

昨	天	情	面	邀	况	骄	优	蠕	介	运	介	眉	惨	木
远	驼	鹿	缩	写	复	循	驱	条	思	护	则	质	貓	程
中	眉	好	发	木	惧	痛	得	约	答	袖	身	乐	礼	飞
后	本	有	释	议	苦	苦	木	排	排	虑	乐	票	保	坠
鳍	便	碰	也	情	平	欲	答	间	循	干	趣	的	自	事
理	余	也	亮	释	息	稻	位	置	马	窗	最	滑	察	则
终	因	飞	特	迟	稻	梁	书	邻	居	口	近	最	研	苦
于	箱	喜	基	近	身	主	男	子	士	自	出	妹	貌	摇
望	内	滑	中	坠	草	稳	热	电	源	先	理	妹	欲	瑞
女	后	肉	来	况	瑞	胶	基	遇	定	情	意	观	电	快
孩	迟	破	况	因	肥	记	顶	错	注	高	野	近	最	
增	觉	标	来	己	磨	的	衫	来	议	面	肥	动	秀	
几	恢	复	尺	热	之	究	学	会	分	野	带	从	能	
过	区	鳍	栗	区	己	钟	一	半	迟	延	信	驴	解	

约 质 置 口 孩 妹 内 鹿 会 钟
条 介 位 窗 女 妹 箱 驼 学 分

男 子 意 于 写 天 半 苦 居 净 的
注 终 缩 昨 一 痛 邻 干 标 尺

Puzzle 6

亲	望	伏	子	摇	自	本	要	余	，	丁	他	发	便	携
权	能	中	自	书	碰	醋	加	面	面	除	休	间	失	木
亲	紧	部	好	驱	复	不	透	票	望	巨	了	栏	败	先
举	运	望	祖	快	速	运	衫	修	发	大	见	露	加	的
增	梳	情	子	挑	碎	碎	究	乐	下	的	多	更	许	梁
研	中	自	驱	凑	了	过	过	最	电	知	便	领	心	票
乐	而	的	驱	十	复	恐	的	也	型	已	饭	运	导	镜
几	衬	本	况	一	野	本	绍	赂	了	便	父	锄	头	复
坠	奉	献	梳	情	木	得	心	套	页	乐	野	请	心	条
营	特	迟	底	木	雨	胶	摇	索	所	有	的	便	有	貓
梳	地	场	休	坠	马	底	水	獭	虫	的	因	出	私	增
真	。	景	人	典	落	热	旋	便	指	深	家	口	决	区
考	慇	页	有	皂	研	醒	煲	坠	望	浅	有	卖	近	老
因	情	尘	土	飞	便	疲	增	况	摇	试	环	家	恐	衡

快速
奉献 索地
套 败战
营 十一
失 锄头
挑 指望
十 卖家
锄
指
卖

水獭
的深浅
已知的
更多的
所有的
巨大的
领导
尘土飞扬
，除了
场景

Puzzle 7

社 有 口 镜 下 程 老 紧 马 遥 行 豆 过 提 项
高 趣 延 肥 落 下 上 他 增 龄 值 记 摇 露 前
课 程 程 不 最 愿 蜗 牛 余 活 得 秀 飞 野 龄
倒 带 不 虎 伏 望 拍 错 四 也 赂 远 特 亮 排
衡 举 数 胶 保 定 摄 坠 觉 许 遥 答 里 惧 选
瑞 查 乐 梳 便 动 开 也 也 恐 错 焕 克 得 袖
惊 喜 增 机 恐 机 始 图 苦 胶 乐 顶 保 心 鳍
＞ 村 持 典 视 已 ！ 咒 虑 泽 平 滑 眉 苦 静
口 热 下 卷 曲 结 木 语 型 欢 娱 诺 区 绍
便 也 的 惧 情 算 放 心 鳍 马 迎 介 ！ 士
从 复 幸 马 损 儿 子 来 碎 因 因 错 便 鳍
后 也 复 的 喜 凑 的 部 娱 坠 稳 。 驱 况
典 介 马 年 幸 复 马 几 亮 迟 远 口 醒 瑞
查 雨 蠕 紧 行 不 野 便 自 展 娱 出 乃 袋 定

损 许
磨 喜
也 带
惊 得 望
倒 子
值 摄
愿 前
儿 机
拍
提
动

课 程
开 始 ！
已 结 算
卷 曲 克
特 里 览
展 迎 。
欢 均 语
平 咒 蜗
牛

Puzzle 8

磨 情 自 也 息 高 便 回 貌 想 人 持 觉 热 飞
放 爷 信 下 娱 身 己 宜 平 真 面 觉 信 外 进
试 磨 爷 湿 气 建 筑 诺 试 镜 的 性 虎 套 行
蔻 书 然 丁 伏 惊 梁 选 究 貌 乎 虎 混 安 地
遇 虫 。 研 貓 然 味 道 的 差 异 > 合 坠 豆
数 试 自 自 身 噪 梳 恐 事 页 虎 释 遥 木 惊
不 优 页 蓝 后 十 进 制 露 子 子 权 木 。 摇
惊 来 数 色 延 甜 食 究 来 最 患 村 休 休 通
木 观 雨 后 倍 近 自 木 介 先 者 有 肉 自 股
定 建 排 延 雪 雪 袋 皂 绍 幸 状 幸 光 修 磨
护 情 错 倍 焕 书 驱 本 了 恐 高 分 光 饭 夕
草 肥 况 雪 伊 情 栅 领 疲 摇 生 子 数 泽 阳
乎 父 礼 焕 摇 书 护 变 赂 赂 菜 豆 野 热 细
近 礼 余 伊 蔻 基 滑 得 心 能 人 野 规 精 最

介绍
有光泽
外套
患者
十进制
爷爷
分子
夕阳
试镜
变得

蓝色
精细
混合
的差异
生菜
甜味
湿气
进行
建筑

Puzzle 9

郁	喜	的	休	信	典	紧	恢	型	恐	下	热	滑	觉	木
本	金	想	伊	息	龄	动	差	己	思	维	克	冰	迟	通
子	平	香	里	好	亲	便	带	量	量	幸	平	祖	生	
秘	光	安	过	紧	光	坠	凑	凑	眉	持	领	驱	虫	
行	从	有	证	据	蠕	自	姐	子	信	自	己	信	不	放
释	蔻	未	紧	有	四	干	姐	命	状	恐	信	的	断	
肉	加	栗	根	乎	了	近	任	代	数	出	权	考	特	
规	皂	身	欲	中	来	恢	远	表	条	栗	好	吗	量	
视	人	加	龄	都	自	父	本	察	紧	祖	惧	木	主	
眼	因	类	雪	不	桥	保	透	伊	。	情	露	性	损	
难	怪	花	蜜	是	租	子	有	下	动	宝	贝	儿	失	
微	笑	真	热	记	的	要	柔	勇	子	过	理	集	行	
动	撞	乎	灵	！	瑞	便	疲	敢	聘	恐	肥	合	肉	
转	出	而	趣	上	保	马	增	野	惧	请	恐	肥	合	衬

信息
微笑
代表
聘请
都不是
思维
好吗
姐姐
宝贝儿
花蜜

损失
勇敢
有力证据
集合
难怪
郁金香
滑冰
不断
任命
从未

Puzzle 10

车 部 最 降 毫 消 息 亲 眉 思 衫 事 自 焕
栏 高 热 心 无 失 以 出 社 疲 性 错 然 过
定 过 了 袖 意 亲 毁 思 磨 醋 了 究 近 面
北 加 车 飞 义 人 加 木 雪 邀 分 眼 貓 的
四 部 赊 眉 露 > > 虎 蛾 受 提 桌 礼 动
信 任 书 察 延 马 租 金 先 苦 供 邀 祖 趣
记 情 稳 乃 飞 毁 进 细 腻 延 权 驴 眉 闲
了 要 权 请 放 梁 野 先 人 型 分 息 思 最
灵 研 能 静 肥 几 机 稳 定 飞 理 地 破 灵
衬 心 好 源 理 远 基 野 的 成 绩 摇 龄 息
查 修 骨 架 哭 改 革 祖 眼 保 下 蔻 于 虫
然 降 剪 乎 貌 吧 重 之 邀 电 损 焕 解 平
持 桥 票 刀 自 了 持 修 桌 基 平 程 蔻 制
落 口 带 余 四 之 好 加 究 幸 野 升 行 造

赊眉露>>   制造
能源   消失
骨架   哭吧
不稳定   北部
自然   受苦
毫无意义   进步
剪刀   改革
租金   细腻
成绩   以后
提供   信任

Puzzle 11

```
趣！似 参 与 选 解 亲 礼 滑 村 静 热 遥 热
身 看 乎 组 泽 页 观 考 音 面 建 苦 花 了 有
份 过 最 热 合 可 能 年 书 热 心 况 的 坠 存
灵 虎 几 邀 考 亮 持 建 的 于 焕 水 自 领 热
重 点 从 遥 社 人 动 的 站 着 惧 碎 光 差 毁
顶 灵 恐 特 经 口 噪 面 理 先 趣 石 蔻 虑 眉
噪 情 迟 他 济 情 面 理 理 自 柔 冰 头 动 得
雪 泽 稳 心 私 摇 区 凑 尘 虎 箱 倍 填 面 息
碎 存 望 栅 人 碎 好 皂 土 诺 声 音 口 息 主
滑 喜 木 惧 的 噪 约 喜 飞 察 增 便 周 主 抽
心 看 保 灵 煲 师 马 便 扬 桌 保 发 五 抽 屉
胶 骄 丁 情 露 苦 乐 请 的 娱 摇 解 几 屉 眉
复 归 增 热 休 型 理 有 袖 望 运 研 年 眉 娱
惧 虑 木 项 优 环 迟 近 的 子 运 情 条 娱
```

尘土飞扬的
重点
花了
复归
几年屉
抽着音
站声冰箱
参与

周五
身份搜
可组索能合济
经父口头
师人石似乎

Puzzle 12

望	胶	栏	恢	余	回	虎	眼	镜	况	机	瑞	凑	邀	破
增	赂	女	的	双	了	鳍	人	探	记	远	型	不	泽	摇
灵	飞	王	当	落	灵	滑	香	索	规	灵	本	条	信	平
村	放	碎	然	解	父	破	典	电	饭	看	傲	最	延	遥
于	蘑	类	环	发	心	疲	优	为	部	水	木	好	肥	信
衫	菇	的	一	次	性	自	秘	什	泽	携	肉	吧	士	柔
充	思	乃	究	研	选	机	己	么	坠	察	衬	带	他	野
欲	乎	年	记	使	天	望	心	衡	之	紧	保	复	本	间
铅	笔	汽	车	也	原	堂	保	村	增	信	撞	通	察	性
间	虑	围	的	虑	桌	谅	卫	程	的	况	>	胶	察	究
木	马	裙	顶	动	凑	建	的	真	安	租	貓	情	规	书
坠	木	煲	回	词	热	教	育	虫	绍	草	排	袋	则	则
动	惫	露	护	亲	村	栗	权	树	的		上	乃	本	因
镜	惊	保	条	领	情	摇	干	燥			后	衫	保	灵

眼镜
围裙
天使
天堂
好吧
女王
为什么
铅笔
探索
动词

原谅
的双
汽车
蘑菇
的一次性
教育
干燥的
本性
当然
保卫

Puzzle 13

眼	面	发	伊	远	好	俏	少	过	活	不	有	防	人	镜
娱	雨	光	的	磨	镜	皮	数	的	况	>	高	面	止	本
理	性	的	遇	视	香	摇	群	最	况	木	了	建	观	本
的	条	醒	分	噪	音	增	体	伏	鳍	绍	碎	差	论	驱
票	他	然	柔	的	远	几	放	小	对	比	度	的	文	肥
秘	先	亮	事	年	本	静	滑	追	学	评	估	自	产	的
栅	望	父	性	撞	便	绍	口	求	填	携	灵	则	品	赂
情	梳	坠	保	出	条	定	考	的	买	型	士	联	的	底
动	日	透	乐	人	碎	察	直	看	了	定	马	系	日	香
扁	规	马	复	撞	见	野	便	噪	加	下	则	我	不	近
平	号	后	差	便	闲	!	活	公	民	的	休	们	柔	胶
定	撞	得	树	研	树	落	举	>	摇	梁	类	增	租	条
行	的	人	情	醒	碎	定	黄	油	奶	远	升	考	鳍
错	醋	研	复	的	欲	转	类	理	越	漂	亮	喷	泉	摇

噪音   公民
越漂亮   论文
追求的   发光
树莓   小学
俏皮   防止
联系我们   黄油
评估   对比度
少数群体   喷泉
奶油   买了
扁平   产品的

Puzzle 14

不 趣 电 真 的 环 答 性 平 倍 适 稻 乐 见 研 平
保 究 加 答 思 衫 快 肌 醋 增 高 合 亲 本 的 然
欲 肥 举 填 滑 滑 性 肤 类 木 袖 坠 迟 肉 而 修
黄 望 记 近 领 凑 亲 复 思 复 赂 修 稻 而 运 的
木 鼠 基 乐 电 祖 光 豆 差 热 树 乎 解 项 喜 心
平 焕 狼 通 草 苦 许 分 娱 得 衫 赂 究 复 复 几
根 赂 觉 乎 本 面 橙 热 许 自 饭 息 喜 况 况 坠
欲 傲 肉 雪 面 情 色 许 危 马 动 欲 梳 上 村 毁
正 衫 得 自 有 本 灵 情 动 机 衰 目 子 村 落 情
确 撞 进 情 机 考 驱 人 摇 遇 减 前 很 落 干 旱
文 凭 入 错 子 滑 士 兵 傲 已 > 排 好 西 坠 欲
野 幸 人 虎 观 通 野 坠 分 经 的 东 西 复
然 出 眉 衫 看 祖 > 发 近 貌 票 望 的
性 觉 祖 好 考 安 图 骄 摇 分 母 考 的

坠毁
驱动
倍增
肌肤
士兵
观看
分母
橙色
正确
危机

文凭
黄鼠狼
目前
进入
适合
干旱
衰减
已经
的东西
很好

Puzzle 15

心加领私定于子察木礼栅然信他之
能本情醒损。升水露眠情人蠕人
驴电查貌飞考无谓焕增叔电乐焕举
邀克有蠕股草因最发永叔己蔻喜遥
惨排充番茄光闲貓情远豹转眉间书
而的摇天驴程慈现程纹究顶理
撞则究理空肥舞台在面存坠发
里区马安携的根怖间邀根特
过遥傲区记活先碰而梳音慈
的损自胶重部官香肥慈自私
音昏电饭送坐特情想肥顶
碎煲昏亲木了失透倍机机紧
条程信欲医生送望护随乐远
雨棕色加睡栏存摇凌况几的鳍
迟保底从肢诉说

电饭煲   豹纹
焕发   医生
昏昏欲睡   法官机
舞台   随远
失望   永送
棕色   发茄
天空   番谓
现在   无坐
诉说   眠
叔叔

Puzzle 16

踏 士 事 下 沉 口 研 桥 环 视 悫 下 本 直 有 精 諾
板 租 况 解 丁 记 肢 建 人 惧 滑 灵 仍 妖 的 私 典
车 研 量 私 记 动 面 木 傲 橡 子 镜 然 的 楼 摇 之
唱 歌 活 差 水 息 页 回 查 高 型 虫 心 楼 梯 之 怖
类 子 乐 了 露 高 梳 亲 摇 定 护 理 滑 梯 本 秘 心
重 得 基 的 灵 自 疲 信 旋 苦 肉 的 从 本 区 充 源
四 力 宽 松 的 使 倦 应 里 长 度 看 领 区 虑 骄 活
转 图 摇 几 闲 用 排 便 觉 镜 降 乎 龄 来 来 循 伊
放 鳍 理 透 约 损 亲 看 主 导 孤 疲 恐 骄
＞ 貌 方 伊 平 亲 子 能 口 真 立 虫 。
柔 衡 法 下 重 子 也 喜 文 化 小 飞
马 延 先 心 醋 静 几 肢 迟 答 时 貓
部 部 几 项 社 从 记 伏 损 飞 稳
降 心 欲 望 的 计 算 机 他 栗 。 栅 约 肉 伊

平静　　　　　　　　　孤立
使用　　　　　　　　　疲倦
的楼梯　　　　　　　　文化
橡子　　　　　　　　　唱歌
妖精　　　　　　　　　方法
踏板车　　　　　　　　主导
宽松的　　　　　　　　下沉
长度　　　　　　　　　应用
计算机　　　　　　　　重力
小时　　　　　　　　　仍然

Puzzle 17

典 静 定 傲 野 车 摇 摇 黛 然 克 面 镜 醒 活
图 欲 貌 面 后 释 源 蠕 西 决 复 滑 里 平 香
常 经 程 木 貌 几 保 坠 书 礼 欲 性 理 己 理
见 理 人 数 心 放 便 本 天 气 蟾 特 多 彩 解
桃 子 量 面 投 人 安 约 升 马 蜍 撞 食 用 饭
危 碰 傲 损 资 肢 醋 士 瑞 滑 稻 木 查 树 有
险 遥 肥 秀 延 不 觉 股 飞 栅 最 休 有 丈 夫
的 先 提 ＞ 究 条 信 规 答 定 部 车 例 决 子
目 的 高 光 排 考 观 祖 人 眼 上 这 里 心 心
瑞 数 几 ！ 宜 护 程 情 静 领 惨 倍 过 任 任
放 得 事 主 趣 命 增 丁 上 延 定 记 电 袖 何
亲 情 分 凑 肉 秘 出 碎 心 图 好 木 自 子 露
的 子 毛 衣 惊 书 而 部 的 过 音 便 领 苦 地
看 信 错 惊 情 人 光 子 乐 书 驱 领

致命　　　　任何
多彩　　　　亲子
天气　　　　得分
投资　　　　危险　的
毛衣　　　　常见
提高　　　　食用子
黛西　　　　桃子里
丈夫　　　　这例子
经理　　　　蟾蜍
目的

Puzzle 18

私 绍 伏 损 虎 最 上 信 排 北 放 泽 通 的 白
蔻 填 余 邀 露 坠 心 赂 回 极 部 分 社 蛾 菜
护 乐 不 摇 惊 顶 心 望 地 状 觉 乐 惊 复 香
疲 便 几 选 信 心 加 直 通 行 祖 亮 高 安 栏
简 顶 梁 身 村 己 透 精 股 日 人 金 信 观 特
单 邮 票 本 况 活 祖 灵 素 不 后 额 克 面 祖
地 程 充 决 远 也 特 望 乐 亮 对 野 摇 遥 类
说 克 好 考 因 ＞ 父 规 苦 降 之 面 基 本 喜
话 得 落 介 乃 回 议 考 摇 野 蔻 信 来 果 娱
没 马 龄 父 主 肉 票 第 眼 过 研 蔻 结 冻 平
瑞 栗 饭 这 木 携 自 四 惧 理 浮 老 摇 余 欲
动 灵 不 种 蠕 特 想 个 动 最 点 秘 邀 观 地
防 滑 飞 情 究 栏 强 转 的 数 试 书 篮 素
上 修 自 邀 升 情 悍 加 乐 肉 释 要 球

基本
秘书
香菜
第四个
金额
没话说
冻结
篮球
北极
精灵

防滑
对面
浮点数
白菜
果冻
部分
这种
强悍
简单地说
邮票

Puzzle 19

最 傲 惧 研 撞 不 具 迟 心 驱 选 马 最 幸 领
基 碎 地 草 介 蛾 有 。 况 恐 高 克 错 高 理
有 子 貌 机 饭 情 请 喜 宜 型 保 性 避 人 心
雪 保 马 要 护 遇 了 规 进 思 平 安 免 婴 火
了 人 灭 破 怖 坠 泽 香 一 排 己 伏 的 儿 箭
胶 衬 卷 护 蛾 醒 礼 部 步 日 休 究 木 指 责
袋 也 笔 桌 貌 而 远 驱 诺 素 活 差 栅 举 书
研 部 刀 错 图 试 肉 喜 祖 碰 车 因 衡 加 里
恐 乃 回 户 书 图 瑞 好 之 木 灵 灵 议 面 素
的 蝴 蝶 外 主 请 定 政 规 便 去 需 了 型 了
享 查 区 建 人 最 最 况 直 摇 了 求 桌 失 规
受 之 之 人 然 草 几 增 倍 量 持 激 面 复
欲 伏 虫 通 重 祖 镜 填 中 摇 保 发 型 失
伏 重 通 况 最 底 自 绍 人 筝 风 丢 了

火 箭　　　　　　政 府
户 外 有　　　　 需 求 免
具 婴 儿　　　　 最 避 大 蝴 蝶
丢 失 了　　　　 的 享 受 发 一 步
去 了 试　　　　 激 进 亡
试 卷 笔 刀　　　　灭 筝
指 雪 责 人　　　　风

Puzzle 20

镜	人	生	遥	悲	喜	过	来	静	惊	行	业	稳	排	过
香	规	试	中	先	惨	明	天	私	肢	息	余	驱	差	怠
安	马	新	的	股	布	鲁	姆	赂	复	盖	爱	情	下	休
紧	本	乎	见	考	然	于	毛	巾	心	子	好	类	也	秘
初	级	遇	的	状	肢	书	衬	故	镜	解	飞	出	父	能
之	升	人	不	考	旋	近	亲	事	事	下	严	理	平	加
恐	决	权	摇	要	旋	余	泽	有	接	动	肃	蠕	图	通
条	傲	建	欲	查	信	于	里	程	近	>	泽	保	保	惊
通	复	答	约	量	栅	光	亮	光	下	情	重	量	生	蠕
貓	肉	理	热	记	子	豆	休	休	蛾	想	毁	年	姜	了
。	身	衡	！	私	鸡	村	肉	袋	几	充	行	带	书	过
研	研	的	的	娱	蛋	蛾	光	驴	复	破	心	马	解	>
角	站	下	私	放	皂	复	保	马	系	列	区	望	决	娱
升	落	在	口	转	諾	的	心	错	近	肥	克	加		人
		肢	要			差								

解决
悲惨
角落
站在
布鲁姆
重量
复盖
毛巾
初级
系列

生姜
故事
接近
鸡蛋
明天
新的
业余　爱好
使出
的　鳍状肢
严肃

Puzzle 21

间	灵	的	书	日	恢	噪	武	不	私	页	顶	级	主	凑
基	衡	加	女	有	不	怖	部	器	秀	口	＞	不	车	举
条	皂	股	远	巫	运	输	顶	身	摇	饭	桌	野	环	持
而	图	活	直	持	活	议	乐	的	工	小	甜	甜	地	理
皂	坠	滑	决	宜	过	信	错	树	作	独	信	项	克	有
下	有	释	而	娱	损	的	四	木	人	奏	解	自	不	马
老	欲	携	解	倍	错	复	苦	也	员	休	环	照	他	新
损	衡	亲	行	网	远	况	克	规	滑	领	发	料	哭	闻
亲	电	克	心	络	几	自	号	子	瑞	喜	妻	赔	要	了
橡	欲	摇	试	租	复	伊	本	保	露	苦	子	鳍	主	情
加	皮	宜	不	泽	了	行	本	马	乃	底	看	余	眉	转
惧	出	便	比	远	转	人	带	毁	灵	燃	烧	平	则	聊
惧	页	撞	赛	雨	部	宜	本	他	恐	愿	答	。	。	瑞
根	！	下	最	终	小	麦	于	四	景	无				

Word list:

地理
愿景
女巫
小甜甜
燃烧
独奏
工作人员
武器
橡皮
照料妻子

哭了
比赛
小麦
无聊
新闻
树木
的网络
顶级
最终
运输

Puzzle 22

赂	复	从	口	请	雨	理	很	自	野	蜈	蚣	野	帐	野
报	告	狩	猎	闲	情	心	高	醋	好	坠	摇	兔	户	考
稳	喜	夹	人	摇	科	醋	兴	本	地	条	诺	灵	人	士
绍	休	克	举	胶	理	学	得	秀	趣	机	四	老	飞	自
袋	礼	之	虑	飞	升	心	保	秀	租	特	个	水	决	数
练	露	本	则	带	不	不	社	惊	信	动	镜	想	许	口
衡	过	书	安	安	处	部	梁	源	惧	损	栏	情	增	乐
的	三	请	股	静	中	然	己	肥	息	草	年	选	透	带
周	动	回	机	机	机	了	填	惫	先	构	延	迟	身	克
坠	的	复	喜	喜	平	焕	则	然	中	件	苦	定	部	平
便	望	梳	看	礼	自	面	己	远	村	衫	豆	素	习	损
士	的	查	年	平	虫	权	型	马	滑	保	急	于	惯	子
噪	梳	紧	复	自	图	好	露	则	条	条	撞	理	直	持
惊	复	迟	绍	虫	己	鳍	好	光	秀	自	觉	恐	不	虎

便士
延迟
自己
科学
夹克
报告
狩猎
周三
练习
安静

很高兴
帐户
四个
本地
构件
回复
习惯
蜈蚣
急于
野兔

Puzzle 23

的 区 遥 股 得 情 他 稻 增 香 部 老 楼 得 木
记 苦 程 趣 的 了 信 信 页 运 环 考 蛾 下 面
公 答 煲 增 可 靠 最 望 衬 携 柔 素 定 决 飞
印 鸭 蠕 间 察 子 急 剧 变 化 的 确 效 利 子
章 部 肉 情 泽 的 看 惧 滑 规 子 定 益 息 转
特 飞 。 的 驴 理 研 衫 栏 项 自 马 栅 己 醋
香 蛾 。 毁 循 人 真 小 狗 滑 行 星 栏 修 闲
紧 蛾 丁 乎 惫 瑞 马 介 看 究 心 热 循 树 四
恐 镜 子 放 恐 典 蠕 支 持 面 香 特 几 四 蠕
嘲 情 乐 教 授 人 选 木 私 士 用 品 究 滑 恢
人 讽 栅 飞 积 露 重 日 衬 过 事 火 车 书
行 野 不 面 主 租 考 倍 乎 地 部 磨 地 地
虏 漏 虏 观 稳 好 快 持 不 马 摇 诺 通 骄
决 脚 趾 性 栅 回 醋 直 桌 研 惨 上 看 充 思

瑞典人	用品
栅栏	印章
楼下	小狗
虏漏虏	支持
积极	教授
火车	效益
脚趾	可靠
急剧变化的	行星
利息	确定
公鸭	嘲讽

Puzzle 24

觉 决 因 见 伤 心 虫 学 灵 不 行 加 增 吸 笔
通 阳 旅 程 闲 试 有 校 驱 焕 坠 发 凑 引 记
破 光 负 担 露 自 权 租 飞 木 透 自 子 力 情
肉 远 况 露 后 磨 高 飞 本 心 凑 落 肉 分 四
研 人 秘 的 碰 破 护 本 心 欲 香 觉 事 人 驴
以 后 的 碰 错 怖 饭 票 。 上 通 疲 间 错 袖
答 ！ 心 便 祖 秀 遭 再 记 焕 环 主 桥 动 解
差 心 便 程 解 而 受 次 账 老 恢 升 决 欲 许
携 胶 程 量 而 英 喜 宜 运 户 的 策 权 灵 灵
降 雨 量 错 英 寸 了 豆 账 而 趣 领 马 礼 礼
飞 水 错 也 寸 欲 周 雪 摇 次 焦 虑 来 滑 栅
眼 恢 也 阅 建 快 自 木 动 摇 建 紧 滑 焕 私
反 条 阅 读 英 亲 行 股 宜 动 马 建 焕 上 撞
。 对 不 绍 人 同 雪 蠕 加 理 亮 排 撞

降雨量
英寸
焦虑
再次
决策
笔记
学校
负担
账户
同伴

阳光
反对
周围
阅读
以后的
旅程
遭受
雪貂
伤心
吸引力

Puzzle 25

摇 秃 存 内 虑 性 源 则 环 究 电 乐 有 行 身
望 肥 鹰 容 民 俗 日 放 惫 羊 骄 出 时 先 指
喜 试 老 年 领 恐 不 加 高 毛 增 木 栅 型 数
木 考 栏 杂 志 的 露 自 秀 要 的 凑 复 倍 栅
虎 乐 平 坠 热 发 豆 号 电 领 树 美 丽 村 村
最 野 性 解 说 员 决 灵 热 噪 好 的 年 每 欲
﹥ 幸 究 私 生 型 情 快 己 栗 子 年 政 信 稳
票 子 福 虑 信 祖 信 醋 范 围 行 通 治 喜 喜
本 音 桌 亮 饭 因 部 礼 后 亲 干 理 程 因 因
也 租 的 部 苦 倍 貌 情 增 乎 线 行 碎 流 流
幸 答 貌 息 事 蠕 活 保 增 祖 书 疲 恢 体 体
望 野 租 饭 动 动 望 自 镜 驴 协 回 疲 之 之
遥 基 惫 落 理 程 人 虑 碰 碎 释 循 秀 礼 服
根 便 面 下 父 栅 碎 惫 落 项 便 摇 过 票 况

野性　　　　的政治
礼服　　　　每年的
范围　　　　协议
内存　　　　美丽
内容　　　　羊毛
秃鹰　　　　有时
指数　　　　杂志
民俗　　　　解说员
流体　　　　干线
最幸福　　　栗子

Puzzle 26

周	遥	绍	准	便	乐	瑞	私	主	晚	灵	规	胶	充	滑
年	肥	特	确	自	本	活	皂	餐	静	人	程	人	票
高	速	公	路	匆	袋	胶	马	可	条	先	滑	男	考	也
星	期	三	光	草	地	型	理	爱	先	孩	口	瑞
毁	桥	性	荣	决	过	加	动	查	的	选	项	升	通
试	情	貓	士	恐	项	四	循	股	真	龄	考	驱	袋
乃	持	保	毁	苦	最	醒	项	情	过	书	衡	子	议
差	乐	他	摇	透	放	草	保	士	底	状	望	宜	的
里	定	闲	貌	便	凑	亮	下	皂	底	信	礼	名	书
究	电	碰	乐	肉	惊	气	相	四	动	蛾	增	下	词	能
研	选	况	貓	欲	情	候	当	自	息	发	租	长	票	尝
摇	考	你	升	心	得	自	毁	租	的	露	约	先	过	试
乎	加	的	克	优	出	动	趣	息	身	预	究	子	自	紧
的	究	释	双	赢	版	因	迟	究	心	测	摇	肢	绍	望

选项　　　　　　　　　高速公路
你的　　　　　　　　　男孩
星期三　　　　　　　　周年
增长　　　　　　　　　双赢
光荣　　　　　　　　　尝试
准确　　　　　　　　　名词
出版　　　　　　　　　相当
可爱的　　　　　　　　真的
匆匆　　　　　　　　　预测
气候　　　　　　　　　晚餐

Puzzle 27

爆	证	明	己	祖	驴	季	的	野	因	行	貌	考	本	考
发	部	闲	最	数	分	度	回	应	平	雨	礼	于	的	得
重	里	主	自	型	安	亲	露	定	心	热	貌	亲	答
书	查	马	面	雨	请	士	水	息	答	下	数	特	因
望	子	眉	项	眼	肢	好	思	马	疲	饭	来	护	梁
全	打	煲	的	望	失	试	动	不	了	平	碎	况	情
球	招	解	表	主	礼	事	肢	况	便	平	票	趣	状
生	呼	循	白	伊	的	优	建	光	恐	高	欲	滑	书
社	克	的	解	乎	紧	心	修	>	怖	则	的	衬	觉	人
基	苦	猴	情	便	急	热	碰	填	项	肢	傲	持	出
议	己	子	乐	苦	宜	过	运	程	马	秀	人	程	的
的	叔	叔	幸	考	面	性	镜	因	便	降	语	远	了
也	智	慧	连	自	然	音	跟	倍	差	下	言	升	修
释	部	袋	接	灵	情	飞	量	着	安	肉	蛾	娱	典

便宜
爆发
礼貌
猴子
全球
证明
的叔叔
打招呼
的紧急
季度

语言
度分数
跟着
露水
失望的
智慧
连接
的表白
回应
音量

Puzzle 28

```
遇 惫 父 怖 人 事 想 的 快 小 马 的 填 的 邀
远 基 。 惊 紧 余 蔻 眼 灵 说 膝 盖 充 范 观
镜 喜 本 撞 然 坠 人 肉 丁 凑 秀 息 围 傲 高
亲 伏 能 行 部 奖 好 好 举 再 恐 心 飞 从 里
刷 主 人 摇 项 金 理 雪 事 肥 的 老 肥 特 从
牙 动 的 转 项 。 镜 驱 好 的 三 明 治 虫 答
答 膏 乐 性 下 虫 。 雪 缺 考 雪 平 音 带 动
研 胶 记 来 最 柔 滑 镜 持 土 狼 醋 光 口 肉
票 降 肉 眉 水 心 反 路 上 近 袖 栗 自 本 项
部 于 基 豆 自 自 衡 虫 映 部 转 雪 雪 身 特
了 破 亮 则 介 领 虫 水 保 生 礼 淋 信 绍 先
因 人 稻 运 赂 情 水 碎 貓 喜 出 浴 肉 社 权
素 肢 而 规 绍 情 衡 肥 游 书 飞 泽 的 望
了 子 木 看 闲 士 桌 情 泳 驴 降 中
```

柔滑
因素
填充
醋栗
本身
的范围
膝盖
牙刷
牙膏
奖金

路上
反映
支出
小说
淋浴
三明治
游泳
再见！
稀缺的
土狼

Puzzle 29

建 请 稳 情 恐 图 周 丘 情 稳 本 社 木 了 便
肢 过 素 想 透 议 年 比 口 的 上 损 会 鳍 研 趣
自 通 惨 己 乐 衡 纪 特 忘 袋 祖 故 皂 直 趣 请
出 香 知 称 重 连 念 说 了 以 鼠 乡 趣 决 定
基 间 摇 傲 股 续 休 明 秀 可 亲 基 要 趣 源
参 与 者 保 图 光 肥 眼 稻 怜 鲸 自 想 惨 过
持 况 肥 眼 页 士 肉 过 看 遇 鱼 于 自 日 父 从
免 降 地 后 便 观 凑 情 木 稳 过 环 余 从 复
费 近 况 典 从 基 平 差 遥 光 的 程 的 趣 顶
香 部 皂 的 程 生 解 特 稻 能 保 。 镜 礼 过 车
丁 趣 马 > 驱 撞 观 增 股 神 文 栏 状 想 音
携 部 复 研 答 休 过 保 皂 枪 章 举 升 保
凑 书 碰 延 根 息 他 肉 手 破 摇 柄 疲 雪
思 草 栏 欲 醒 社 的 息 木 况 考 手 里
                                心 觉

亲 自   故 乡
袋 鼠   鲸 鱼
手 柄   周 年 纪 念
称 重   丘 比 特
说 明   的 文 章
参 与 者   过 程
免 费 以   忘 了
可 以   连 续
神 枪 手   通 知
可 怜   社 会

解 梁 措 权 举 礼 骄 护 间 皂 撞 一 遥 面 增
面 恐 施 特 迟 分 驴 。 私 身 的 些 伏 桥 便
具 三 书 眉 便 栗 手 指 拥 马 花 东 口 袋 衬
性 个 来 私 议 娱 梁 理 口 有 上 西 人 木 心
存 子 好 粒 口 能 泽 复 的 毁 好 复 栅 碎 长
导 噪 身 子 保 况 远 蔻 水 宜 醋 傲 区 成 持
出 动 况 分 规 降 不 蠕 里 上 举 究 的 过 袖
排 自 间 很 眼 周 傲 复 趣 思 木 有 能 毁 心
雨 条 好 选 少 六 海 见 耗 欧 洲 防 风 草 好
惊 摇 有 释 热 乎 葵 苦 材 号 有 决 项 放 了
自 遥 之 得 欲 剥 摇 因 真 情 洲 外 心 动 伏
介 由 马 顶 撞 夺 虑 信 究 了 此 增 根 性 摇
树 貌 放 放 虎 龄 信 诺 部 人 得 回 眼 特 股
音 肢 放 上 怖 龄 答 建 焕 最 马 解 复 源

口袋里
马上
一些 东西
自由
手指
剥夺
此外
拥有子
粒子
成长

导出
措施
周六
欧洲 防风草
面具
三个
海的
葵花
耗材
很少

Puzzle 31

人	领	镜	出	图	乐	转	举	部	来	建	驱	树	手	净
项	状	心	惊	惊	热	条	赂	树	伏	之	骄	他	动	额
喜	整	栏	优	有	心	书	几	眉	究	四	子	不	滑	肉
生	究	齐	野	分	袋	木	肢	蠕	书	究	袖	眉	伏	解
自	摇	理	乎	近	便	答	加	底	怖	音	虫	作	家	鸟
科	典	亲	草	露	豆	秘	平	苏	建	最	差	人	傲	巢
开	学	复	甸	己	决	护	村	柔	打	槽	镜	错	况	惨
始	高	家	伏	环	护	貓	袖	过	马	水	人	貌	延	改
迟	出	蠕	子	动	抖	动	第	父	怖	平	诺	的	研	善
不	令	人	欣	慰	的	南	六	，	傲	碎	毁	也	恢	便
觉	类	顶	光	高	号	部	量	这	介	帽	皂	通	领	放
趣	惨	惧	虑	做	研	源	社	些	回	子	欲	面	先	之
究	驴	毁	人	摹	行	趣	要	然	高	车	婚	上	傲	眉
思	差	领	碰	情	生	驱	填	近	主	条	姻	源	延	栅

做摹	鸟巢
，这些	水槽
手动	改善
第六	南部
抖动	科学家
婚姻	帽子
令人欣慰的	最差
草甸	开始
苏打水	整齐
净额	作家

Puzzle 32

```
理 理 社 山 焕 最 仓 亲 底 饭 肢 带 加 研 发
虑 储 备 庄 桥 动 鼠 情 豆 摇 的 休 运 介 究
回 顾 理 过 疲 怠 填 平 苦 ＞ 野 醒 木 子 破
部 差 稳 骄 股 的 钢 通 升 倍 第 股 状 灵 趣
眼 父 虑 也 醋 几 租 铁 票 查 十 情 转 破 信
权 本 旋 里 蛾 他 ＞ 行 驼 镜 保 草 栗 灵 保
年 携 音 考 人 香 ＞ 年 行 栏 号 部 自 破 梳
汽 遇 考 水 滑 特 感 市 泽 事 光 克 视 趣 分
士 车 栗 心 惧 克 了 场 高 栖 保 高 东 信 保
木 本 旅 克 摧 ＞ 人 口 口 息 肉 滑 西 梳 许
衬 龄 露 馆 毁 年 露 惧 遇 地 情 租 请 分 可
加 滑 灵 落 想 乐 蛾 灵 骄 毯 身 灵 乃 许 可
醒 亮 他 行 自 马 真 人 记 梁 梁 休 噪 乐 证
炉 子 人 趣 野 理 里 情 过 顶 观 本 里 册 证
```

研究
疲怠的
汽车旅馆
储备
回顾
仓鼠
许可证
几乎
手册
第十

感觉
骆驼
山庄
摧毁
钢铁
市场
栖息地
地毯
炉子
东西

Puzzle 33

马 存 保 本 过 平 碎 损 飞 解 行 旅 今 天 失
持 身 乃 祖 看 饭 洞 穴 露 ！ 业 股 费 察 去
射 击 错 误 雨 权 情 雨 凑 日 摇 饭 傲 面 了
野 想 惫 错 破 显 着 远 则 他 上 他 发 机 号
地 于 衬 顶 则 机 着 图 了 人 满 落 项 看 分
上 接 到 究 先 四 充 里 豆 研 足 邀 摇 木 热
发 发 的 栗 自 于 摇 社 驱 然 延 撞 典 高 视
蠕 看 有 噪 学 不 术 事 的 采 老 水 祖 记 醒
回 蔻 车 不 主 术 遥 绍 伊 访 车 衡 理 了 录
惊 报 乎 木 木 遥 绍 议 丁 自 之 租 部 试 典
眉 过 趣 坠 蔻 得 焦 遇 由 结 绍 条 噪 皂 ＞
程 环 速 货 架 上 点 形 于 亲 特 心 ！ 余 乐
遇 野 特 驴 源 答 带 分 本 视 伊 坠 里 循 驱
发 保 镜 破 肉 查 思 肥 定 源 蛾

焦点
采访
失去了
记录
接到
射击
学于
由货
错误

洞穴
结构
行业
速度
显旅
今回
形式
满足

```
摇 放 滑 转 桥 要 趣 精 另 一 个 而 马 毁 最
有 镜 情 重 情 解 子 特 确 逐 伏 中 光 醒 飞
性 静 倍 飞 子 梳 貌 秘 步 后 典 四 饭 邀 活
排 考 克 木 噪 暴 貌 肉 子 士 平 碰 落 真 完
西 梳 木 图 乃 力 脖 子 缺 重 复 之 基 鳍 全
泽 部 虑 片 梁 源 旋 狮 乏 秘 胶 选 特 栗 考
。 毁 疲 鳍 票 旋 状 运 时 落 理 基 思 心 情
况 有 貓 露 情 事 情 心 ， 达 关 本 柔 龄 伏
焕 虑 不 事 情 。 许 加 人 到 键 的 考 好 复
毁 袖 灵 举 信 情 复 乎 乃 露 持 桥 落 萤 己
人 选 宜 凑 地 闲 循 程 在 的 有 解 蔻 火 摇
乐 存 何 落 的 龄 里 本 下 祖 面 镜 稻 虫 撞
透 察 有 任 公 的 面 远 面 定 木 也 赂 信 肉
了 平 冒 险 的 数 情 程 煲 四 驱 不 磨 撞 条 迟
```

重复
萤火虫
在下面
基本部
西部
公式
狮子
时，
完全
关键

精确
另一个
缺乏
达到
暴力
的
任何
逐步
冒险的
图片
脖子

Puzzle 35

镜	趣	不	人	差	年	下	礼	摇	衬	皂	升	本	龄	怖
貓	能	驯	帮	忙	页	丁	理	娱	迟	股	究	书	想	不
摇	形	鹿	凑	强	长	保	重	约	本	木	几	重	好	休
操	不	势	象	大	期	磨	飞	静	票	保	过	苦	己	的
作	身	。	惧	透	惨	下	日	程	安	飞	当	本	泽	
马	试	恐	考	社	解	后	最	修	状	加	有	今	性	自
型	号	作	建	娱	男	人	心	家	伙	几	己	肉	动	
状	香	用	娱	回	排	少	数	信	热	诺	露	增	坠	热
伊	乌	修	不	虑	流	释	灵	亲	撞	便	蔻	出	情	马
坠	鸦	填	露	保	行	凑	瑞	傲	循	喜	了	私	己	分
父	有	坠	书	存	,	复	真	周	欲	人	幸	几	情	要
本	自	怖	胶	灵	紧	因	遥	滑	边	情	车	环	肢	觉
动	透	宜	举	噪	类	自	为	稳	图	几	驯	安	然	车
煲	则	坠	祖	先	约	虑	顶	理	型	复	看	便	便	

日程安排
保存
作用
乌鸦
,因为
驯鹿
大象
家伙
男人
长期

操作
少数
流行
帮忙
周边
当今
形势
回家
强大
型号

Puzzle 36

的	回	放	复	肥	惊	梁	！	源	增	绍	疲	远	>	这
伊	工	解	决	方	案	记	发	摆	动	自	理	征	一	些
图	粗	作	从	摇	梁	柔	决	摇	金	信	摇	驱	丁	跃
考	体	信	的	最	蠕	机	高	栅	融	错	>	！	于	护
梁	士	升	驴	乐	基	里	欲	英	镜	摇	研	秘	主	从
蚂	蚱	蠕	虫	眉	出	露	心	里	数	衡	领	顶	私	醒
本	复	杂	地	雪	的	许	能	蠕	典	村	解	己	行	摇
研	资	格	毛	电	选	思	高	于	也	的	眼	睛	绍	携
泼	妇	增	毛	的	骄	祖	得	瑞	号	修	能	复	复	凑
滑	亲	光	然	过	木	复	>	摇	觉	差	蠕	地
坠	赂	恢	柔	来	险	返	底	状	街	充	乃	数	特
优	排	袋	信	惊	发	村	护	人	树	道	透	源	看	香
得	真	试	社	存	桥	乃	上	解	赂	面	规	邀	保	龄
号	虫	碰	乎	平	紧	重	虎	泽	露	怖	面	灵	思	袖

蠕虫	资格
街道	摇摆
风险	泼妇
金融	的工作
复杂	这些
解决方案	返回征
粗体	远的眼睛
英里	蚂蚱
摆动	一跃
毛毛	

Puzzle 37

素	静	桌	恐	得	音	困	难	差	面	不	豆	趣	先	栏
。	音	信	稻	眉	惨	部	区	量	肉	增	则	皂	理	护
动	醋	水	几	不	吐	特	域	秘	欲	木	木	损	信	伊
项	要	下	果	回	自	爸	爸	则	保	幸	摇	滑	复	父
本	滑	犯	回	虎	灾	爸	股	选	信	解	自	己	的	排
项	机	罪	素	香	露	介	地	重	雨	椅	的	权	木	恐
哪	肉	衫	恐	豆	醒	难	蔻	>	考	子	光	坠	亮	凑
个	视	稻	冷	下	复	蠕	恐	稻	静	想	静	情	加	骚
类	磨	升	静	来	本	碎	保	量	保	要	去	部	扰	子
恐	中	父	马	公	共	素	究	修	条	稳	书	程	伏	伏
趣	想	复	而	赂	票	防	面	自	自	局	限	尖	叫	叫
的	衬	携	撞	闲	本	处	疲	克	迟	分	罗	滑	回	回
遥	先	树	选	查	于	答	复	娱	近	破	布	碰	后	后
	鳍	选	选	查	恢	思	领	的	骄	栗	碰	惨	惨	惨

醒来
椅子
骚扰
困难
国防
公共
灾难
爸爸
犯罪
区域

尖叫
冷静
水果
自己 的
哪个
局限
罗布 吐
回 款
条 要
去

Puzzle 38

撞 究 素 野 民 雨 人 灵 典 喜 过 基 信 理 露
主 视 坠 研 喜 族 评 注 每 什 么 惨 日 区 了
持 好 人 况 类 过 摇 焕 天 的 试 日 恢 理 许
治 疗 透 书 股 财 产 遇 肉 邀 栅 恢 欲 基 发
本 梁 转 日 子 行 视 回 好 便 视 子 典 丁 间
真 本 醋 充 错 理 静 梁 木 特 袖 磨 毛 遇 摇
面 自 已 子 努 苦 他 欲 趣 秘 研 最 毡 最 平
想 恐 诺 婚 力 滑 日 最 近 模 循 滑 艺 人 真
规 则 心 人 喜 特 迟 研 情 式 最 术 支 休 休
许 子 赂 而 坠 送 落 的 升 高 了 得 家 付 衫
的 鳍 持 雨 赂 亲 心 恢 虎 特 的 亮 欲 间 露
承 醒 书 赂 趣 降 恐 观 眉 肉 灵 树 己 创 建
诺 凝 从 小 环 觉 动 貓 摇 望 喜 联 车 第 四
底 视 直 休 便 欲 主 面 露 喜 邦 答 乐

规则
联邦
模式
第四
创建
努力
评注
的承诺
财产
每天

凝视
毛毡
民族
支付
治疗
艺术家
已婚
什么
从小
送给

Puzzle 39

```
最 带 增 选 貓 人 伏 优 逃 脱 问 题 ， 苦 本
闲 乐 瑞 裙 板 柔 。 恐 权 镜 苦 领 遥 木 丁
落 热 带 视 的 邀 错 字 段 触 行 椭 考 本 休
社 梳 填 亲 高 举 凑 闲 看 项 士 圆 格 本 建
透 从 热 丰 泽 优 优 后 便 树 情 错 式 至 少
的 角 落 富 面 摇 了 领 平 号 保 理 苦 地 循
带 于 柳 树 粉 旋 增 木 驴 真 携 号 镜 惧 占
本 树 的 保 旋 光 镜 考 胶 人 安 要 苦 光 据
撞 幸 露 傲 驱 的 量 况 敌 近 落 镜 袖 自 信
草 远 > 灵 自 惧 水 视 理 医 有 苦 子 子 伊
中 过 醋 梁 持 的 最 灰 色 院 礼 袖 环 发 貓
落 央 增 愆 本 智 能 秀 有 号 貌 子 栅 毁 延
发 典 栏 望 因 惧 填 的 带 迟 院 栅 租
先 日 坠 想 。 怖 近 虎 斗 优 梳 蠕 降
```

有礼貌
椭圆
触摸
至少
的角落
灰色
的战斗
问题，
字段
占据

敌人
医院
中央
面粉
丰能
智逃
裙板
格式
柳树

Puzzle 40

考 村 生 加 运 心 信 究 看 型 充 成 蔻 。 况
信 邀 报 价 号 蛾 凑 发 灵 乃 差 就 透 闲 理 理 人
桥 信 研 碰 凑 惫 坠 面 真 邀 活 往 得 根 理 回 他
权 最 惧 介 平 特 行 乐 醒 惫 梁 情 乐 西 夫 疲 情
热 源 重 事 不 分 摇 解 最 球 的 苦 坠 瓜 情 稳
稳 恐 出 疲 龄 合 碎 碎 恐 员 增 理 因 重 的 保
觉 运 图 行 栏 作 状 胶 错 型 乐 便 望 衬 行
因 木 肉 袋 恐 骑 况 延 的 研 柔 的 崩 溃
量 口 觉 性 解 士 信 长 书 发 休 包 祖 摇
运 危 年 保 顶 环 摇 则 慘 烧 远 含 答 不
动 险 一 衡 条 里 保 因 高 发 远 许 事
农 产 品 步 恢 年 停 研 信 行 心 可
要 碰 存 摇 年 止 究 栅 马 虫
思 信 旋 生 汉 堡 保 生 试 先 衡 保

研究生
骑士
延长
夫人
西瓜
停止
农产品
成就
许可
报价

球员
包含
汉堡
合作
发烧
危险
崩溃
运动
一步
往往

Puzzle 41

橳	坠	决	倍	恢	然	降	>	信	乎	碎	里	！	摇	惫
行	榄	答	骄	鳍	滑	遇	恐	他	持	看	早	期	携	罗
露	马	球	足	想	后	自	！	欲	程	到	玻	信	宾
直	肉	里	过	乐	秀	！	遥	趣	人	顶	璃	龄	斯
，	对	外	本	车	饭	于	保	有	信	然	桌	最	貓
循	之	行	镜	见	虑	升	他	高	快	着	桌	高	本
雪	研	本	击	早	上	先	钢	虎	间	约	急	的	类
吃	晚	饭	剑	便	闲	安	琴	疲	排	乐	心	子	的
剧	社	乐	貌	就	会	老	香	车	绍	要	规	举	蛾
的	院	惧	自	生	快	ç	伊	权	远	举	视	柔	栗
高	亲	行	子	气	近	赖	的	的	惫	闲	要	特	牛
煲	便	为	观	后	息	的	参	考	摇	有	雨	犀	不
建	饭	闲	撞	人	保	遥	究	排	信	解	喜	露	研
运	便	欲	幸	趣	的	豆	最	子	凑	则	热	衬	秀

最高
橳榄球
击剑
犀牛
吃晚饭
钢琴
玻璃
就会
ç放
罗宾斯

剧院
生气球
足参考
早上到
看期
早行为
着急
，对外

Puzzle 42

程 遇 壁 牛 过 通 心 桌 稳 规 想 几 错 白 色
究 乐 炉 生 奶 秀 绍 恐 放 矩 根 带 不 条 豆
心 欲 见 快 请 能 噪 亲 书 点 惊 赂 恐 年 特
音 光 类 数 遇 雪 平 ！ 人 的 亮 磨 今 晚 人
凑 思 热 字 子 思 ！ 本 间 携 野 饭 查 木 怖
的 遥 秀 木 滑 部 空 频 增 亲 了 鳍 父 木 运
股 排 绍 自 宜 伏 气 繁 飞 动 信 惊 附 音 皂
况 带 好 价 格 过 性 的 他 上 先 倍 则 近 磨
安 过 降 乐 遇 保 恐 ＞ ！ 类 乐 轻 松 复 股
素 定 护 心 保 社 ＞ 子 股 继 续 本 驱 柔 带
解 义 午 焕 社 撞 请 直 地 媒 面 远 ＞ 灵 眼
休 息 餐 栗 撞 顶 蚱 通 缉 露 体 饭 特 追 降
镜 醒 趣 的 饭 自 蟒 差 有 型 磨 观 则 逐 草
恐 摇 醒 瑞 不 通 摇 ＞ 情 直 祖 准 备 金 灵

规矩点
壁炉
牛奶
空气
媒体
准备金
定义
频繁的
数字
午餐

附近
轻松
蚱蜢
白色
继续
今晚
通
休息
价格
追逐

Puzzle 43

定 息 研 他 基 招 护 泽 动 察 村 雨 实 验 重
增 的 柔 典 村 待 余 举 本 气 球 某 苦 虫 平
源 草 欲 他 恐 飞 试 礼 飞 思 惊 些 香 信 转
不 鼻 考 答 跳 克 私 面 错 子 不 考 社 建 ！
驱 子 环 不 自 水 请 威 延 的 驱 幸 视 信 带
袖 地 秀 稳 遇 貌 之 驱 的 之 特 苦 信 顶 滑
里 桥 摇 定 合 亮 乐 地 发 高 香 解 损 带
差 场 立 的 作 虑 蝴 关 扩 近 升 摇 便 柔
他 特 撞 水 伙 权 蝶 于 展 情 倍 乐 加 作
自 损 欲 介 伴 记 素 升 重 便 规 秀 领 出
灵 中 醒 绍 邀 口 保 研 近 煲 选 衬 议 类
动 断 有 紧 信 磨 记 安 燥 旋 傲 解 程 蠕
摇 里 考 客 骄 通 毁 填 貓 瑞 加 丁
高 日 程 户 毁 心 情 规 灵 车 日 因

不稳定的
的立场
女儿
关于
扩展
招待
威胁
客户
气球
跳水

鼻子
实验
合作伙伴
日程
中断
某些
干燥
车辆
作出
蝴蝶

Puzzle 44

消	特	望	便	携	龄	本	觉	恐	保	差	电	信	高	自
醒	防	镜	肉	最	惫	磨	请	乐	项	降	视	重	于	赙
人	社	员	好	有	建	虑	口	秩	类	信	露	木	面	活
趣	四	诺	心	近	雪	于	试	序	透	旋	出	控	小	制
答	选	直	他	澄	军	他	中	机	动	许	欲	认	保	据
能	立	放	过	清	况	研	乐	己	能	人	肉	木	小	数
发	即	恢	滑	区	了	秘	胶	音	邀	欲	龄	蔻	袋	为
车	音	瓢	虫	增	好	一	破	里	的	龄	分	基	平	有
乐	马	消	化	灵	下	步	伏	存	许	己	梁	木	野	水
考	坠	想	通	活	也	>	灵	学	于	重	建	驴	热	虑
考	村	趣	权	惫	几	发	傲	吧	研	试	热	热	着	遥
礼	袖	欲	桥	好	余	幸	最	！	粹	体	驴	沿	遥	坠
介	栗	镜	升	碎	草	部	权	的	释	验				
疲	有	释	秀	上	行	心	重	纯	人					

灵活
高于
纯粹的
秩序
立即
体验
认为
学吧！
控制
军队

小数
消化
沿着
数据
瓢虫
消防员
电视
发音
下一步
澄清

Puzzle 45

諾	近	错	马	灵	野	优	秘	情	遇	娱	延	栗	伊	遥
环	类	栏	选	规	子	带	程	议	磨	段	他	充	近	存
驱	许	不	书	记	来	究	桌	试	项	阶	望	赂	能	真
面	然	最	优	欢	天	喜	地	。	特	的	增	增	型	信
情	主	任	栗	试	龄	皂	不	欲	中	灵	测	能	闲
虑	恐	从	信	从	也	行	量	子	旋	程	聪	赂	木
高	面	岛	栅	衬	柔	村	光	增	野	信	明	释
了	赢	屿	一	也	遥	特	电	思	量	马	摇	伊	充
诺	差	得	口	主	携	木	肉	驴	热	的	以	望	小
绍	貌	基	许	有	保	欲	复	不	子	数	的	胆	差
惧	本	租	味	信	自	碰	惊	皂	起	眼	喜	及	的
心	构	丁	香	撞	傲	碰	要	究	机	的	肢	通	碰
排	想	复	许	事	得	摇	简	栅	眉	便	恢	破
型	基	况	音	想	之	持	单	降	的	的	驴	皂	马

梳子　　　　　　　　欢天喜地
书记　　　　　　　　主任
丁香　　　　　　　　以及
的猜测　　　　　　　不起眼的
简单　　　　　　　　构想
赢了　　　　　　　　香味
赢得　　　　　　　　中的
的阶段　　　　　　　聪明
岛屿　　　　　　　　胆小
三分之一　　　　　　住宿

Puzzle 46

转	野	充	息	摇	镜	紧	抗	我	自	己	坠	邀	焕	乃
事	国	王	野	摇	摇	醋	蚀	眉	热	理	然	区	蛾	草
柔	究	克	热	的	欲	剂	察	绍	运	信	票	带	欲	。
袋	议	因	肢	传	领	坠	热	旋	火	鸡	奇	梁	怪	高
亮	持	行	驴	余	傲	栅	磨	刀	子	增	伊	伊	远	热
分	规	肉	己	最	子	磨	日	号	子	注	坠	坠	远	。
平	虑	考	复	梁	有	不	眼	了	虫	紧	特	转	发	发
荒	黄	摇	摇	运	定	循	饭	电	猛	的	复	显	信	升
野	金	>	分	的	觉	息	高	栗	地	柔	约	著	灰	尘
休	研	答	身	配	过	类	绍	中	行	优	光	思	差	考
有	香	填	坠	息	露	信	信	信	保	亮	人	领	的	祖
增	带	分	的	思	伏	即	时	光	遥	携	带	高	部	得
电	影	有	泽	素	自	私	于	回	双	带	几	紧	从	释
约	建	区	子	村	醒	热	下	发	热	方	复			

摇摇欲坠的
自信
我自己
火鸡
猛地
刀子
加注
荒野
分配
即时

携带
双方
电影
抗蚀剂
黄金
显著的
传统
灰尘
奇怪。
国王

Puzzle 47

护 惨 况 研 觉 分 个 灵 惊 加 士 雨 镜 便 重
面 特 骄 貌 飞 决 人 排 年 朋 股 近 蠕 摇 秀
分 图 考 而 余 事 秀 的 错 友 惊 坠 衬 木 肉
基 成 为 桌 顶 邀 尊 重 婚 加 撞 远 心 ＞ 释
秀 股 察 露 型 股 的 貌 礼 不 ！ 错 现 实 怖
透 伊 从 存 过 活 修 面 胶 动 野 重 疲 不 摇
票 主 关 怖 柔 也 剪 剪 理 疲 坠 研 步 骤
汽 真 系 子 噪 况 考 ＞ 想 填 灵 入 子 蔻
真 高 排 摇 转 人 年 形 解 豆 飞 立 急 便
摇 蛾 顶 活 程 秘 龄 状 他 情 蔻 思 栗 降
觉 见 遥 事 迟 愿 不 的 决 觉 独 立 的 便
最 护 休 宜 水 性 热 情 子 坠 要 不 木 虑
量 生 决 面 滑 介 桥 栅 远 村 自 噪 动

他的
热情
年龄
自愿
成为
的感
觉 态
状态
关系
现实
婚礼

剪辑
汽油
步骤
尊重
独立
的
个人
朋友
坠入
侵入
形状

Puzzle 48

细 心 惧 人 热 邀 您 医 程 苦 不 镜 素 无 平
解 究 栏 肉 观 从 安 疗 乐 程 领 眼 乃 效 究
甚 可 重 复 使 用 排 况 试 然 父 活 量 邀 护
至 远 撞 能 水 祖 真 区 碰 围 推 中 伏 便 士
蔻 私 理 余 批 真 类 倍 热 巾 紧 迟 喜 人 建
树 视 真 害 羞 评 人 情 摇 承 认 宜 换 行 快
机 线 桥 娱 顶 的 动 想 租 飞 醋 摇 常 草 研
树 肥 袖 磨 紧 便 惨 赂 蠕 破 规 幸 票 碰 灵
露 要 村 苦 里 保 护 保 机 丁 碎 异 自 不 基
本 桥 宜 电 娱 光 远 释 页 高 碎 自 慈 转 社
复 股 灵 便 脑 肉 计 他 的 摇 面 复 眉 建 蔻
心 草 最 紧 遥 发 前 算 介 信 倍 倍 眉 驴 权
复 标 克 能 遥 向 遥 器 绍 惊 项 身 根 建 音
毁 志 请 小 情 衬 计 数 领 恐 部 察 根 他

害羞的
视线
护士
您安排
计算器
批评
承认
向前
医疗
换行

推迟
甚至
电脑
细心
无效
可重复使用
小鸡
异常
围巾
标志

Puzzle 49

顶	越	肥	伊	社	蚊	地	他	研	人	秀	那	些	貌	数
饭	来	远	丁	梁	子	焕	面	摇	老	便	动	袖	栏	先
本	越	所	亲	紧	保	区	袋	损	履	存	票	休	宜
水	试	有	日	丁	信	重	马	了	望	中	加	秘	累
型	同	人	梳	本	有	祖	的	先	发	从	肉	邀	了
欲	意	草	了	告	诉	远	携	快	主	乐	礼	衡	肥
桥	赂	真	单	护	伊	恢	新	请	趣	来	子	数
延	蔻	飞	独	于	坠	落	心	雪	的	高	的	便	能
紧	急	情	分	则	野	因	循	到	考	信	部	桌	恐
老	大	胆	况	袋	特	页	宜	衬	达	余	音	股	面
延	虎	子	天	衡	倍	心	的	闲	幸	回	欲	恐	凑
音	信	肥	欲	研	条	醋	稳	远	远	辅	静	间	的	介
循	>	栅	过	邀	肢	拳	精	度	信	助	貌	梁	蔻	碰
奇	怪	貓	本	研	排	观	苦	秀	人	坠	貌	木	了	理

老虎
延音
紧急情况
奇怪
大胆
拳击
越来越
天鹅
累了
精度

到达
单独
同意
所有人
蚊子
辅助
履行
告诉
那些
新鲜

Puzzle 50

的 惫 灵 高 息 错 复 的 梳 租 延 坠 情 饭 理
赠 工 镜 复 人 为 了 乐 瑞 高 欲 飞 亮 情 镜
品 人 建 理 本 诺 碎 趣 请 光 貓 记 镜 的 释
惊 别 灵 考 私 恐 考 快 水 过 通 地 介 携 回
噪 蔻 错 了 栗 图 顶 最 携 究 奔 马 醋 信 号
闲 豆 乎 释 犹 豫 怖 雨 号 定 坠 根 雪 便 人
马 里 建 填 雪 惊 果 趣 等 不 雨 喜 人 因 延
类 则 栏 秘 真 热 余 汁 待 第 貓 日 摇 不 坠
反 应 驴 源 重 地 主 等 况 一 稳 想 保 虫 素
根 栏 定 邀 视 疲 口 结 也 紧 木 破 骄 摇 乃
寂 寞 排 思 马 镜 驴 行 研 ＞ 热 通 编 行 马
降 本 心 有 亲 远 总 乃 稻 摇 通 常 辑 自 泽
子 股 主 饭 请 绍 线 互 栅 动 运 镜 活 生 的
摇 木 宜 底 香 露 热 木 木 碰 损 运 镜 热 人

碰撞
乐趣
最 快乐 的
总线
重视
第一
别人
等待
奔马
犹豫

赠品
寂寞应人果了常
反工结为动辑汁
通互编
果

Puzzle 51

特 包 括 破 撞 热 面 车 磨 便 士 四 水 ＞ 迟
型 秀 恢 来 图 日 绍 镜 领 人 人 也 灵 增 过
一 些 桥 携 苦 诺 蛾 情 理 毁 远 迟 自 的 梁
袖 亮 。 龄 最 肉 露 通 保 幸 稳 转 书 区 差
答 袖 视 得 秘 遇 子 日 落 人 四 树 图 龄 惧
好 镜 摇 野 野 胶 携 地 木 典 十 袖 降 租 骄
情 三 落 远 的 特 迟 滑 选 手 研 之 建 飞 了
野 角 字 露 休 露 好 的 考 豆 考 面 事 然 理
破 形 页 符 型 息 高 情 许 蠕 增 雪 了 恐 下
惧 扑 通 日 菠 迟 有 想 妻 摇 反 释 见 雨 动
社 举 重 头 菜 绍 凑 面 子 四 向 请 不 同 迟
恐 不 老 发 ！ 建 军 型 数 父 决 虫 便 建 真
惨 肉 升 师 类 军 方 介 高 为 章 节 热 便 解
规 的 余 息 增 的 活 的 行 人 先 信 况 欲

头发
妻子
军方
章节
类型
孩子
包括
扑通
反向
菠菜

字符
行为
一些
不同
选手
四十
日落
老师
不见
三角形
了

Puzzle 52

数	娱	衡	考	了	事	！	摇	的	眉	望	口	的	身	的
企	马	克	试	情	加	露	面	>	四	程	胶	也	特	自
型	业	趣	雨	骄	答	人	书	动	的	马	粉	色	会	议
乐	而	的	士	肥	号	信	释	的	子	重	请	了	真	理
解	举	的	>	的	邀	下	雪	眉	伊	复	绍	水	便	毁
秘	查	活	复	情	人	苦	伊	段	机	使	升	落	有	理
顶	理	赂	想	条	占	统	治	热	落	用	精	车	肥	于
行	。	伏	种	族	领	信	根	便	不	欲	心	得	情	许
顶	之	面	特	栅	升	豆	携	先	有	的	撤	出	出	释
信	骄	色	想	不	记	发	他	丁	的	最	肥	闲	伏	平
复	记	彩	过	而	四	了	静	票	滑	滑	类	虎	眉
想	貌	热	决	定	信	复	保	蛾	股	的	丁	部	坠
间	量	乃	试	研	降	菜	心	本	填	加	理	噪	午
则	豆	丁	静	觉	恐	肴	趣	护	类	本	上	骄	排	后

马克
考试
重复使用
会议
种族
色彩
决定
午后
有用的
菜肴

精心
企业的
撤出
段落
粉色的
占
滑
统
真理

人
领动
治理

Puzzle 53

子复人克余良好的见充电小亲行列
型不热肉他不祖便树豆鸭书最富。
人情礼不解迟光想议飞选乘有况典
想摇源诺当虎休稻因能乎法的豆地
梦先环香研况上赂循虑购采况便蠕
的步伐复书沙滑如透复紧驱豆绍本
行考通过坠自发觉乎稳闲约便泽分
不选诺消息定得研何优栅运绍也放
龄循绍信社义程上磨丁木木权养焕
行惧损增便的手臂戏马地马情介从
的的通复木马水情剧驴稳碎本惧下
技复建重源皂建绪性的情部票建想欲
术特栅源循差梁士皂底慈趣保建
余蠕欲底闲保梁士闲慈趣保

通过   列表
自定义   沙发
的采购   放养
如何   消息
的步伐   小鸭
情绪   不当
的技术   乘法
充电   良好的
手臂   最富有的
戏剧性   的梦想

Puzzle 54

解 栅 想 毁 是 胶 随 一 有 完 的 究 出 身 突
填 碎 秀 回 的 在 胶 天 车 毕 蠕 乎 部 特 发
释 余 滑 增 整 娱 看 木 晚 事 后 权 生 理 衡
的 香 面 乃 基 最 日 暑 不 上 摇 水 余 的
> 马 部 社 豆 自 飞 来 行 则 生 壶 理 升
趣 的 见 考 型 糕 的 泽 特 身 水 惊 增
平 猫 行 豌 考 真 肉 出 紧 存 绍 性 邀 老
近 原 旋 豆 生 成 的 面 焕 虫 村 霍 惊 想 回
特 虫 便 权 不 > 也 于 猫 行 莉 肥 视 龄
蔻 伊 复 焕 碰 错 树 于 部 优 驴 人 权 根
察 基 苦 虫 循 租 > 基 母 鸡 村 授 典 解 遇
几 请 增 循 眼 解 人 克 过 情 身 眼 决
携 客 发 展 村 举 研 自 通 股 于 骄 落
心 乐 飓 风 ！ 保 接 亮 灵 选 自 基 源 的 马

词语列表：

飓风	接触
突发	母鸡
请客	日晷
一天晚上	最糟糕的
水壶	平原
授权	在整个
完毕	随车
发展	的猫
豌豆	霍莉的
生成	是的

Puzzle 55

高宗己树礼四官考黑惨>好赂稀缺
娱衰教解梁方约暗灵况野趣况桥
。他变地露方恐复面貓况亲眼
加秘多伏亲赂没眼。状飞亲鳍
木自况地子貓喜有怖灵持
信源而板摇虎要求几活衫
培训了信能恢循求欲地的权
一天选苦力增梳决露便议桌
究瑞观思香觉票最类想稻
回延见部底因一疲乃动
赂好欲高。田礼个优皂生
号摇醋乐坠洁机光诺便
皂豆图議丁整也倍恢根
特究骄像机父循最摇恢记

诺。   洁
要求云   整一个
多奖品训   一天鼠
培稀缺教   灵活的
宗官方有   衰变图
没黑暗   的能地
                    滑雪力
                    板

Puzzle 56

请 梅 里 虎 过 落 村 灵 马 举 紧 因 磨 镜 虫
求 放 历 能 己 人 于 肥 滑 衫 底 定 趣 切 护
心 脏 皂 史 赂 有 望 的 权 同 情 源 行 一 套
秘 诺 出 动 最 马 透 蛋 安 远 克 息 余 政 磨
毁 保 子 解 滑 露 蠕 糕 乐 乎 人 分 柔 高 雨
来 携 突 虫 环 骄 虑 虑 角 木 运 条 平 访 问
规 转 勺 然 磨 眼 事 处 色 草 瑞 社 秘 复 驴
驴 义 子 热 恢 。 伊 重 议 复 身 滑 望 来 分
几 丁 了 部 坠 毁 隆 不 倍 定 定 伏 坠 绘 栅
桥 察 趣 况 旋 迟 保 通 梳 宜 宜 约 人 画 事
瑞 快 桌 静 的 生 活 遇 究 几 克 面 上 区 的
直 护 信 的 亲 绍 地 摇 自 信 修 衬 遇 书 衫
地 址 状 鳍 属 错 趣 愈 页 研 宜 宜 里 里
坠 马 露 木 于 增 加 到 愈 间 特 蛾 煲 惧 木

心脏
角色
梅里
突然
请求
勺子
历史
属于
的生活
访问

同情
转义
的蛋糕
一切
一套重
隆画
绘
地址
行政
增加到

Puzzle 57

傲坠差高私有破平眼过基的栗响了暂
水私间醒碰礼浮回选磨摇金直应停亮
高的的肥建礼出泽坠飞租情灵保地父携
乐生秘研出间伏倍要灵保土因骄型
试权镜的皂面凑信心情光保因骄赂
衡惫远的方保遥木滑部复顶图喜柔
吸乎领镜从的也木滑远撼图坠飞理
循收带镜行喜有震撼图喜飞露
衬区木解物看裙情骄衫特桥
摇看性撞查看休乐延票马
子衫地乐数情娱望从书特子
本己得视倍泽祖护素来书觉了
租觉替迁镜处平优乎然桥
观摇本况移沙漠镜过惧马

查看   也没有
衬衫   替代
基金   带来
的物种   浮出水面
沙漠   领带
吸收   的地方
响应   迁移
震撼   土地
暂停   地图
品种   裙子

Puzzle 58

惊	升	步	行	窗	建	绍	团	审	陪	望	远	镜	试	通
怖	胶	社	阴	察	帘	乐	因	复	查	。	从	趣	栅	源
摇	觉	煲	雨	营	答	雨	此	思	想	的	恢	快	票	露
静	况	解	升	养	真	有	特	肢	的	心	活	亮	胶	的
出	情	高	醋	物	有	选	心	！	主	况	保	便	的	泽
碎	租	重	蔻	质	平	镜	型	胶	面	程	理	携	面	虫
。	＞	车	究	惧	人	雨	信	面	好	退	周	旋	的	程
豆	煲	虑	源	情	票	。	错	虑	心	出	圆	伊	面	近
自	携	特	恐	怖	透	亲	心	地	察	贵	的	视	第	皂
观	部	型	衡	镜	而	情	型	决	高	躁	粗	观	三	他
自	思	眼	程	书	亮	马	油	热	暴	试	鲁	口	饭	决
运	香	页	草	疲	也	透	漆	有	桌	幸	面	持	遇	
驴	类	节	则	活	自	介	丁	必	乐	车	的	第	子	
许	事	省	诺	野	本	中	木	转	发		想	三		

思想
恐怖
望远镜
出租车
陪审团
粗鲁的
营养物质
必须
窗帘
第三

节省
审查
步行
油漆
退出
的圆周
阴雨
高贵的
因此
暴躁

Puzzle 59

可	木	典	设	然	运	底	过	望	回	摇	的	循	中	部
惊	怕	鸡	置	则	行	豆	研	苦	醒	部	权	光	排	除
选	不	尾	磨	欲	年	应	该	也	对	人	介	间	诺
子	落	酒	袋	。	直	热	从	眉	源	手	就	遥	生
存	而	先	宜	上	四	顶	循	滑	恐	解	给	况	飞	乐
衡	错	视	股	欲	行	独	桥	自	衡	雨	亲	民	排	自
摇	坠	图	身	遥	远	立	人	衫	>	饭	人	主	趣	解
部	煲	余	特	栅	构	性	优	而	的	邀	马	复	肉	息
动	子	广	阔	的	建	容	易	紧	礼	衬	租	建	地
祖	选	驱	有	错	护	了	信	则	错	高	人	人	惧
热	村	不	紧	页	循	要	先	信	恐	噪	虑	闪	士
护	顶	礼	要	的	礼	乎	不	眉	飞	高	阵	耀	欲
信	区	本	过	循	他	疲	降	望	对	象	风	信	考
高	面	自	情	谨	本	况	栏	环	绍	乐	身	水	苦	衡

视图
权衡
建议
鸡尾酒
谨慎
广阔的
民主
设置
容易
对手

可怕
排除
独立性
闪耀
就给
对象
阵风
构建
运行
应该

Puzzle 60

区	优	木	社	来	煲	最	地	程	察	子	幸	顶	面	间
解	释	肢	欲	磨	了	差	点	恐	音	填	理	携	存	保
碎	惨	过	种	>	表	面	私	灵	存	保	间	坠	他	马
考	见	植	物	自	摇	蝙	蝠	得	袋	后	票	骄	肉	碎
的	惧	心	错	闲	看	类	栅	祖	摇	了	马	落	落	里
的	远	条	基	稳	貓	傲	的	灵	看	甜	蜜	素	礼	私
得	碎	遥	有	赂	幸	遇	解	情	亮	伏	素	想	素	人
到	日	顶	高	野	旋	祖	便	栅	诺	虑	草	页	热	况
了	手	野	亮	周	转	欲	袖	底	树	源	烧	毁	信	社
心	趣	套	考	期	木	撞	胶	保	树	开	股	休	苦
亲	子	可	议	机	马	馒	头	究	貓	瓶	亲	王	况
肥	活	笑	股	海	拔	欲	出	根	胶	器	伙	损	区
思	股	的	野	损	马	活	情	信	分	亲	举	计	真
权	坠	高	根	书	泽	考	主	顶	热	马	真	野	查	们

私人	物种
高亮	可笑的
旋转木马	周期
烧毁	海拔
得到了	甜蜜
表面	来了
开瓶器	蝙蝠
伙计们	馒头
植物	亲王
手套	地点

Puzzle 61

性	权	从	疲	里	世	界	先	解	从	事	选	雪	挥	书
滑	觉	休	得	加	传	拼	木	携	书	主	豆	摇	父	杆
衫	考	灵	过	行	输	近	写	他	保	士	树	乎	栏	皱
透	遇	近	己	则	情	他	社	填	复	典	乐	龄	定	纹
对	落	查	恐	木	里	研	瑞	数	摇	香	乐	回	摇	稳
面	老	诺	情	人	最	他	幸	有	活	保	坠	稻	面	坠
的	办	公	模	仿	近	视	碰	醒	肥	蛾	宜	试	晚	便
的	填	导	致	特	四	木	号	破	远	雨	滑	栅	了	秀
实	践	诺	本	坠	许	子	落	保	旋	香	试	露	约	橡
的	远	携	旋	答	瑞	型	表	摇	最	部	出	口	衫	胶
于	页	煲	芹	议	排	里	演	指	引	子	滑	惊	远	书
他	亲	复	菜	型	驴	主	部	放	不	摇	肉	考	虑	试
人	撞	解	存	香	远	先	木	木	片	驴	上	行	肥
行	本	动	解	>	倍	有	进	展	情	况	段	理	>	过

进展情况   指引
考虑   橡胶
最近   挥杆
传输   的面对
模仿   导致
的办公   实践
出口   晚了
片段   皱纹
拼写   世界
芹菜   表演

Puzzle 62

远	草	家	苦	虫	通	肉	番	绍	机	活	透	龄	修	改
近	以	日	庭	心	面	红	木	得	项	护	请	生	分	护
镜	面	为	的	情	技	花	特	壁	面	持	欢	运	疲	携
拿	起	露	举	打	能	伏	马	画	喜	欢	草	气	不	行
乐	运	究	地	开	胶	祖	露	邀	来	草	出	遥	木	人
的	程	。	差	升	面	静	要	生	降	出	。	惊	野	热
胶	野	根	研	迟	飞	部	类	特	生	远	书	类	充	乐
的	安	全	栏	理	部	类	子	心	惧	衡	上	惨	复	数
惨	然	热	循	有	豆	转	出	出	迟	袋	方	高	惨	己
草	镜	典	的	豆	袋	滑	栏	快	真	能	幸	驴	高	肉
状	觉	远	解	绍	傲	便	热	复	丁	祖	闲	心	平	摇
页	转	租	四	绍	主	主	数	熊	恐	克	平	远	斯	牙
妈	苦	凑	请	瑞	高	散	复	市	索	祖	远	不	不	齿
妈	项	树	透	数	栅	名	字	行	分	桌	转	的	年	

修改
的爱情
熊市
地面
妈妈
壁画
打开
技能
牙齿
家庭

名字
拿起
的安全性
番红花
散步
喜欢
运气
上方
以为
索克斯

Puzzle 63

通	香	通	权	光	随	情	虫	升	恐	来	思	况	噪	理
趣	恢	先	四	区	也	身	持	衬	喜	吧	循	复	苦	难
水	望	余	间	不	图	携	私	碰	来	乐	考	源	虎
煲	素	于	高	私	眼	碎	带	也	保	礼	本	分	下
妇	女	年	人	欲	票	稻	阿	休	保	本	出	马	秘
解	人	轻	试	现	息	疲	乐	姨	保	本	靠	闲	镜
笔	者	项	目	代	答	欲	人	祖	落	活	近	祖	凶
从	里	想	解	极	其	苦	美	游	间	思	带	镜	猛
恐	议	保	便	驱	完	保	的	泳	考	顶	欲	飞	热
高	人	露	摇	考	邀	情	平	池	年	带	恐	蛾	差
秘	区	情	傲	士	约	保	惊	便	带	复	答	旋	本
持	父	雨	栅	页	得	行	磨	蛋	糕	信	休	主	年
设	计	而	伙	的	观	绅	士	砂	醋	建	里	运	露
马	木	观	伴	热	袖	果	活	恢	子	梁	不	亮	快

磨砂
妇女
现代
游泳池
凶猛
笔者
苦难
设计
阿姨
完美的

绅士
蛋糕
来吧
极其
伙伴
靠近
项目
随身携带
坚果
年轻

Puzzle 64

号 煲 因 礼 一 眼 伏 人 啤 部 木 丁 回 激 不
许 则 建 觉 目 老 虑 面 酒 顶 分 丁 丁 烈 虫
眼 坠 有 野 了 ！ 人 肉 闲 煲 真 携 得 的 见
傲 飞 驱 葡 然 领 余 也 研 增 正 虑 影 批 坠
护 邀 鳍 建 萄 考 村 以 况 加 瑞 发 院 发 本
虫 研 私 出 书 好 领 究 后 再 野 息 木 价 父
> 考 安 根 几 露 类 股 了 租 私 后 清 第 二
欲 的 野 倍 损 亲 蛾 请 带 介 说 马 空 心
地 循 碎 理 信 摇 之 真 介 分 马 特 规 过 举
更 的 权 欲 直 升 机 灵 虑 日 解 有 复 貌 看
不 怪 野 根 源 袖 摇 面 的 主 扰 人 究 解 数
沉 奇 幸 英 本 条 释 面 祖 要 草 乱 灵 图 倍
默 典 焕 语 野 律 娱 举 填 自 理 树 充
自 焕 然 ！ 的 师 季 节 状 肢 自 秘 面 乐

主要   季节
直升机   激烈的
批发价   沉默
影院   有人
第二   清真
扰乱   正
奇怪的   以后再说
英语   啤酒
一目了然   更的
葡萄   律师

Puzzle 65

醒	蛾	灵	愚	音	根	的	人	区	的	便	状	秘	他	眼
磨	研	摇	蠢	也	本	解	桥	况	复	煲	衡	了	自	快
降	乎	携	的	梁	秘	心	木	信	修	许	村	光	透	伊
年	。	试	号	迟	村	有	破	带	考	不	宅	龄	草	苦
休	年	点	试	便	乐	感	静	之	想	望	煲	究	运	运
得	瑞	栗	不	特	状	谢	欲	降	快	宠	延	信	见	保
碰	恢	究	领	分	明	报	。	则	的	物	运	阳	视	人
究	模	拟	总	结	高	智	纸	部	自	心	遮	书	究	信
落	虫	饭	发	秘	树	驱	的	摇	野	年	记	喜	豆	排
约	亮	持	情	直	究	相	的	地	村	量	热	肉	条	研
他	幸	平	重	。	子	信	虎	的	变	驱	考	快	通	复
出	伏	区	的	野	虎	状	于	丁	于	释	的	之	信	
衡	蛾	栅	来	从	生	一	分	等	钱	子	蠕	信		
规	保	安	全	花	园	眉	音	页	亲					

根本　　　　　　安全
遮阳　　　　　　报纸
野生　　　　　　愚蠢的
总结　　　　　　宠物
花园　　　　　　各种
等于　　　　　　相信
模拟　　　　　　变量
感谢　　　　　　的野心
一分钱　　　　　住宅
试点　　　　　　明智的

Puzzle 66

草	衫	来	桌	号	闲	惨	桌	蛾	解	龄	子	树	飞	冒
紧	想	野	面	视	行	制	作	眼	释	草	邮	面	恐	出
填	中	袖	木	观	克	驴	镜	坠	间	袋	件	自	欲	惧
趣	地	衬	几	条	平	乐	典	喜	他	意	碰	眼	于	图
资	皂	复	降	驱	貓	饭	喜	惨	后	秀	的	考	己	复
讯	凑	的	口	型	区	人	子	望	状	生	磨	加	虎	放
损	好	摇	驴	伏	图	的	的	行	之	先	存	有	复	解
噪	,	胶	思	升	最	惧	活	梁	木	长	排	克	不	！
便	而	国	便	私	意	坠	衬	栗	颈	凑	宜	袋	摇
本	喜	际	见	四	状	细	节	情	宜	鹿	倍	充	亲	静
加	增	也	桌	丁	打	水	搞	趋	之	亲	龄	醋	近	近
粉	红	际	遇	见	算	维	不	类	若	到	的	力	许
租	驱	他	马	乃	错	素	秀	士	醒	坠	鸷	权	恐	环
日	桥	貌	有	不	护	活	有	地	最	部	信	桌	的

遇见	粉红色
恐惧	，而
国际	打算
冒出	生存
维生素	趋之若鹜
制作	资讯
解释	搞不清
长颈鹿	权力
先生	邮件
到底	细节

Puzzle 67

忽略也饭栗过疲下股的通爱可的鼠
士高磨迟活万元觉里趣热质量组标
鳍情中信泽书人人而的请票想织活
黎成功间里本察心骄本皂发望特循
明远结束况之虫眉子面欲惊乎图面
循不查望之的蠕情源得对特于运书
精身惨欲的摇滑保心心不文介则察
驱矿保迟袋情有恐信傲起热镜桌休
恐他的举况号飞恐选谈到胶能降光
后的行况很多蛾平肉木查蔻＞坠栅
凑豆升很亮事远旋考乃惧便自跨活
简单的亮事醋毁心伊音慈悲栅真想
野驱梳活里雨心状音研排察机远惧
看修因电平类栏票保过稻坠他真士

木乃伊　　　　　黎明
中间　　　　　　质量
忽略　　　　　　鼠标
慈悲　　　　　　文本
简单的　　　　　跨的
成功　　　　　　的组织
对不起　　　　　结束
谈到　　　　　　万元
的可爱　　　　　人像
精矿　　　　　　很多

Puzzle 68

Word Search Grid

```
伊 增 的 醒 醋 遥 豆 心 幸 飞 栅 水 芹 亮 喜
诺 有 面 醒 增 复 要 碎 环 肥 水 摇 的 优 信 活
傲 邀 典 惨 素 究 本 部 情 口 透 行 性 镜 行 书
过 虑 打 能 活 情 坠 情 滑 乃 情 乃 乐 丁 瑞
护 解 草 扰 香 遥 父 滑 定 人 胶 究 宜 坠 幸
复 不 保 蠕 豆 飞 引 活 位 定 滑 冰 循 回 释
人 羊 肉 树 记 亲 擎 地 望 瑞 克 复 柱 增 大
的 构 碎 栅 小 古 下 骄 行 滑 倍 鳍 动 究 部
修 机 衡 ！ 精 花 人 透 试 行 肉 自 下 乐 分
笔 因 会 错 灵 肥 菜 皂 闲 议 有 部 事 的 租
更 记 心 冒 究 马 子 部 书 幸 高 自 撞 肉 他
聪 滑 本 险 不 错 落 乐 人 村 解 伏 特 自 图
明 本 快 乐 老 选 便 人 直 马 答 胶 复 建
稻 便 宜 栏 板 心 坠 数 破 人
```

Word List

伏特
小精灵
打扰
冰柱
笔记本
定位
更聪明
冒险
古人
大部分

水芹
的机会
行动
花椰菜
机构
老板
引擎
快乐
下移
羊肉

Puzzle 69

```
要 怖 十 结 树 瑞 恢 复 此 木 热 存 延 余 己
本 灵 年 合 子 皮 欲 加 电 事 页 增 升 凑 活
马 理 则 得 娱 龄 底 来 研 乐 请 根 顶 醋 填
虫 动 本 特 别 是 况 有 况 豆 诺 保 答 底 。
龄 本 摇 发 趣 信 面 情 重 诺 便 物 了 人
损 摇 育 的 舒 的 增 素 他 遇 村 衬 察 余 观
平 口 快 检 适 私 程 基 马 望 人 人 近 情 降
过 延 疲 倍 查 人 四 分 之 静 煲 闲 程 优 增
衬 乐 坠 于 过 袋 运 摇 一 子 携 惨 近 草 滑
傲 他 带 诺 他 不 胶 模 错 书 保 欲 理 子 环
> 情 药 究 闲 木 型 情 保 顶 伏 乎 不 环
落 自 热 品 瑞 要 休 心 祖 书 乃 人 差
栏 摇 草 光 稳 信 试 环 虚 便 亲 页
          有     望 礼 有 拟 事 蔻 价 差
```

词语列表

四分之一
恢复
特别是
树皮
检查
怪物
感情
模型
药品
惊讶

此事
舒适
十年
情况下
发育
虚拟
结合
一次
价差
的私人

Puzzle 70

工 的 ！ 举 决 拥 抱 大 保 行 衬 影 的 有 整
资 的 噪 几 毁 餐 学 旋 光 观 响 本 上 约 体
网 球 警 股 热 特 的 观 恢 答 惊 乃 正 豆 豆
容 忍 怖 告 信 动 摇 最 有 镜 幸 主 老 遥 在
摇 通 子 马 碰 里 ＞ 桌 理 破 撞 恐 光 紧 龄
情 韭 特 许 生 则 草 下 项 数 快 音 貌 磨 的
地 动 菜 循 要 水 便 喜 皂 木 近 差 亲 护 透
雨 示 答 教 镜 趣 的 蠕 情 摇 虎 底 摩 衫 露
桌 马 例 试 四 惧 答 木 特 余 衡 选 托 自 的
衬 肉 试 源 过 人 复 人 蛾 衡 灵 摇 车 条 恐
摇 水 便 了 情 乃 了 持 木 驴 闲 远 碎 股 士
大 介 带 乃 人 ＞ 龄 续 续 坠 年 填 远 里
型 上 机 娱 便 桥 骄 人 时 休 股 豆 肥
讨 论 特 规 查 察 不 克 间 几 年 休 股 远 肥

透露
的警告
大型
大学
答复
答案
正在
拥抱
摩托车
讨论

容忍
整体
持续时间
教练
网球
影响
韭菜
工资
早餐
示例

Puzzle 71

票情况卡车紧子驴母口镜趣眼的本
摇里野亮心项苦苦亲瑞灵士存有得皂
游的傲趣。股动计三角桥摇乐衬觉绍信撞的
戏便发的理自之划乐情察坠华觉遇他
查怖撞焕决动面哥眼优从运近过考老
部丁几决肥近心宣告自有梁衬近子诺书
肢邀面心皂心举转分察恐华几马而驴
旋心比查带也的最后重豪转要票折优
思乐休特肉迟木保差组考破骨栗增
己驱研栅虫要护惧衡快装桥读了分
提醒动滑究优秀貓然决要！！
趣下本究之升真息规破子能讀栗
醒。露野破伊秀然平然要了！增
类空间醋邀要息平然要了！！

情况　　　　宣告
肥皂动　　　比特
自护　　　　动物的
保折　　　　哥哥
骨要　　　　提醒车
重划华　　　卡游戏
计亲　　　　组读！
豪间　　　　三角
母
空

Puzzle 72

也	有	要	心	觉	带	关	然	紧	察	摇	胶	迟	幸	研
交	易	尤	其	是	稻	注	袖	饭	袖	道	歉	雨	运	交
远	想	测	瑞	。	稻	瑞	约	约	间	间	充	过	面	谈
跳	秀	试	柔	回	记	答	飞	驱	心	心	回	行	转	条
了	底	高	区	回	行	蛾	热	娱	子	子	运	条	娃	源
惨	有	建	亮	野	醋	复	瞳	惊	泽	泽	衬	租	娃	的
秀	人	考	乐	泽	赂	喜	焕	孔	傲	傲	研	闲	栏	理
复	最	直	泽	雪	克	旋	静	蔻	动	动	充	后	阳	貓
赂	>	厨	房	修	热	重	发	现	底	底	解	眉	台	约
虫	村	究	过	填	情	飞	蛾	来	水	水	视	肥	有	驱
衫	龄	撞	风	木	高	人	理	他	本	本	保	皂	马	图
遥	安	远	格	动	滑	转	雨	坠	眼	眼	栅	部	源	最
夫	议	逮	捕	日	桥	远	热	于	复	复	举	先	冬	事
妇	顶	性	自	查	怖	年	自	马	快	快	有	观	青	部

Puzzle 73

伏	豆	的	雨	特	梳	素	后	排	稻	神	坠	露	主	面
臭	鼬	高	自	选	观	平	镜	解	议	秘	便	警	察	能
程	项	苦	复	能	事	增	马	说	子	的	了	了	树	信
心	分	愤	自	视	人	欲	复	词	察	虑	车	雇	的	制
疯	了	怒	迟	差	袋	安	倍	野	雨	信	状	驱	用	度
貌	通	领	马	碎	完	从	部	苦	保	碰	远	自	使	望
动	上	情	秀	特	野	美	虎	欲	介	保	滑	四	落	护
衬	>	傲	,	但	先	！	察	泽	飞	焦	了	复	行	梁
怖	素	觉	磨	音	查	虎	修	先	见	真	烧	颜	色	惊
观	察	四	后	量	定	然	望	梁	运	四	泽	认	识	伊
身	身	介	撞	绍	延	日	回	视	差	芯	倍	飞	自	损
状	带	树	举	肉	龄	自	维	修	领	片	本	草	趣	视
而	攻	击	私	焕	复	龄	行	事	看	欲	坠	坠	中	中
之	从	柔	。	页	面	则	热	龄	平	乐	的		磨	了

观察
页面
使用的
完美！
解说词
野牛
愤怒
神秘
，但
警察

芯片
制度
臭鼬
认识
疯了
攻击
维用
雇焦了
烧颜色

Puzzle 74

顶 观 信 要 项 静 票 选 碰 病 平 蜻 鲭 重 于 许
部 理 风 亲 能 人 针 职 业 生 涯 蜓 修 木 上 心
赶 紧 信 举 趣 山 脚 桥 袖 不 人 记 恐 运 恐 阶
自 选 子 了 泽 羊 理 论 桥 恢 顶 不 焕 恐 木 梯
近 狐 肉 衫 的 素 貌 蠕 口 宜 娱 镜 树 木 因 身
的 貓 狸 里 。 过 障 撞 加 闲 吸 疲 水 因 袋 桌
本 娱 部 复 介 素 分 情 心 马 血 平 休 袋 想 肥
领 的 思 于 加 看 素 介 复 差 鬼 眼 撞 子 也 趣
欲 倍 存 诺 事 书 露 考 研 醒 秘 诺 人 出
延 香 灵 面 性 素 况 音 过 索 秀 德 保 直
星 期 六 要 年 后 乎 温 柔 亲 栏 雷 因 马 ！
！ 素 人 复 复 行 保 底 祖 口 坠 克 稳
他 皂 试 升 远 差 议 不 恐 中 毁 领
加 解 磨 心 量 乐 亲 醋 出 生

树木
底部
星期六
吸血鬼
狐狸
出生
针脚
索引
的。
理论

阶梯
赶紧
生病
风信子
山羊
障碍
温柔
职业生涯
德雷克
蜻蜓

Puzzle 75

惊 里 最 磨 许 先 条 好 不 损 最 地 乐 类 衬
乎 机 预 期 音 降 镜 排 肉 高 泽 理 镜 根 貌
礼 增 口 总 和 木 特 类 复 拉 的 顶 骄 傲 股
情 闲 得 观 亲 特 分 飞 信 想 什 伏 栅 雪 地
因 自 机 光 闲 肉 带 的 稻 欲 得 情 考 情 信
上 头 源 保 环 信 租 因 露 自 情 顶 子 发 凑
一 邀 便 面 坠 根 数 记 乃 重 输 活 便 挥 不
页 的 涉 面 项 余 恐 得 离 开 趣 入 数 海 地
性 桌 及 笑 柔 复 活 有 便 快 要 龄 爱 豚 平
乐 发 延 一 镜 虎 领 乐 后 私 面 信 己 上 考
人 的 旋 个 毁 地 子 欲 平 兔 饭 心 望 增 程
的 驴 龄 的 保 视 欲 稳 加 子 辉 安 摇 直 马
磨 梳 电 绍 草 况 视 延 心 破 煌 摇 权 活 则
文 章 亲 马 况 答 坠 疲 心 复 坏 条 直

余数
骄傲
离开
源头 上
爱心
兔子 什
拉 得
记 迎
欢
发挥

涉及
输入
笑 一个
文章
海豚 煌
辉 期
预 坏
破 和
总
上一页

Puzzle 76

参	结	人	碎	情	持	类	试	惊	快	性	升	的	息	镜
加	论	邀	栅	余	型	蔬	公	简	介	年	有	蔻	普
日	静	请	车	眼	增	菜	司	他	近	喜	心	然	通
邀	秘	复	摇	！	！	自	的	责	环	球	远	考	书
高	饭	分	则	摇	况	休	细	选	保	男	见	社	看
害	羞	机	规	主	近	近	！	树	宜	性	有	苦	苦
事	遥	动	的	分	过	胞	选	源	光	特	主	吸	能
几	实	露	他	马	龄	克	骄	露	部	摇	引	思
建	看	吧	的	高	驱	身	眉	士	最	高	的	力	的
考	票	也	教	然	稻	休	斜	傲	记	了	闲	记	复
量	遥	鳍	会	答	稻	稻	介	雪	损	人	龄	复	延
惊	基	高	木	丁	眉	倾	型	典	保	钓	优	势
磨	释	环	迟	人	带	规	权	信	升	露	鱼	后	车
觉	恐	怖	树	信	租	真	况	自	钥	的	部	雪	貌

邀请   钓鱼
倾斜   蔬菜
的责任   密钥
环球   看吧
参加   细胞
有吸引力 最高的
公司简介 事实
男性   优势
教会   结论
害羞   普通

Puzzle 77

飞 转 高 真 豆 然 动 乐 过 原 达 怖 便 加 里
子 便 类 望 租 眉 桌 考 活 因 机 到 便 存 特 状
任 携 骄 镜 四 条 欲 幸 草 动 停 放 了 好 音 紧
何 平 貌 子 四 宜 部 栏 介 举 量 介 醒 基 情 升
人 惫 携 摇 坠 来 快 递 私 出 龄 桌 丁 后 欲 平
高 心 木 视 不 查 他 充 静 丁 栗 生 观 欲 中 士
放 运 的 情 农 场 们 复 伊 栗 饭 恢 紧 中 上 究
情 口 恢 毁 出 的 上 请 伏 袋 衬 惨 近 士 凑
透 理 车 研 欲 坠 瑞 之 最 栏 落 近 行 热 举
试 热 衡 书 编 号 树 诺 了 丁 行 查 间 坠
稻 型 惨 集 密 性 了 热 快 答 然 能 胶
不 谦 了 惊 封 于 巧 最 乐 来 存 栗 碰
礼 逊 后 怖 权 衡 恢 量 地 查 惊 能 幸
物 行 欲 骄 飞 余 况 有 力 热

惨了
便携
停放
礼物
快递
农场
任何人
镜子
原因
密封

紧凑
谦逊
活动
力量
巧克力
密集
编号
达到了
他们
快乐地

通 从 究 草 量 的 政 策 审 的 复 几 蛾 透 面
开 玩 笑 桥 欲 伏 有 喜 判 私 虑 乎 骄 学 习
马 看 ！ 摇 己 诺 落 春 光 领 。 去 露 项 凑
桌 议 电 益 主 士 露 肥 天 袖 口 除 最 祖 老
的 放 伊 书 有 利 麋 麋 也 噪 动 活 顶 桥 人
程 不 觉 日 子 瑞 鹿 鹿 下 克 眉 瑞 之 心 栏
袋 眼 遇 诺 过 外 事 高 望 介 保 行 高 趣 选
量 龄 士 转 休 部 高 伊 惧 皂 书 答 亮 放 草
栏 肥 梁 修 约 摇 麋 摇 ！ 乐 议 护 闲 的 滑
四 谢 滑 既 则 基 鹿 滚 规 思 院 电 释 股 号
静 谢 活 不 露 活 恐 貌 衫 先 瑞 话 放 号 柔
的 虫 碰 间 正 式 稳 灵 子 影 碰 议 的 股 保
军 官 衣 转 建 眉 于 坠 电 闲 解 > 排 项 热

几乎。
释放
开玩笑
电影院
军官
外部
学习
正式
审判
谢谢

摇滚
的政策
既不
春天
去除
电话
有利
麋鹿
衣柜
有益

Puzzle 79

特 重 身 领 快 近 太 阳 镜 而 不 梁 好 鳍 思
袖 数 基 的 ＞ 然 图 眉 动 的 来 雨 部 家 定 信
情 碎 秋 望 错 秘 信 典 人 保 雪 基 乡 泽 家 具 肉
昨 议 天 奢 行 毁 人 解 喜 持 高 特 日 环 摇
心 日 醒 华 成 本 惨 栏 研 带 坠 恐 本 露 源 野
梁 图 最 诺 餐 厅 损 自 究 克 答 思 毁 乐 碰 自
类 页 遥 视 恢 倍 他 老 远 袋 胶 平 本 不 也 有
人 议 面 露 衡 惊 秘 稻 处 定 人 肥 等 先 介 查
灵 书 面 鳍 下 本 车 远 撞 便 年 究 等 己 伏
冲 苦 定 请 则 栏 苦 处 亲 转 骄 磨 ！ 增 她 的
突 护 衬 醒 飞 根 桌 撞 察 露 等 摇 复 创 的
泽 草 灵 乐 粗 鲁 坠 议 乐 鳍 的 介 息 升 造 查
礼 邀 竞 腿 部 超 越 树 开 始 啦 。 惧 造

保持
秋天
奢华
竞争
腿部
成本
她的
开始啦。
冲突
家乡

家具
太阳镜
创造
图书馆
超越
粗鲁
等等！
昨日
远处
餐厅

心 乃 乐 项 肢 怖 部 饭 几 明 娱 紧 子 幸 子
乃 的 昂 贵 的 还 情 的 村 确 桥 张 致 便 闻
有 父 迟 物 部 有 解 有 镜 袖 数 乎 命 命 新
性 亲 有 质 自 想 保 皂 有 便 祖 快 眉 妻 的
， 增 建 近 伏 程 冬 天 程 从 泽 请 子 部 发
包 约 研 行 真 真 雪 权 约 驴 损 电 便 降 音
括 子 摇 亲 类 伏 醋 举 傲 最 最 有 通 举
管 理 器 的 傲 栗 社 豆 高 票 水 镜 虫 约
雪 转 释 趣 邀 状 父 典 草 肉 面 权 高 真
出 遇 父 噪 带 驴 直 鳍 胶 棒 木 心 灵 几
惨 现 信 区 凑 理 月 怖 马 球 貌 思 秀 护
状 心 ！ 士 的 息 亮 焕 漏 飞 理 答 最
焕 而 柔 子 电 礼 飞 直 气 镜 究 刚
里 动 了 滑 磨 肥 条 活 玉 米 持 紧 露 加 他 性

的父亲   昂贵的
心灵   紧张
的妻子   致命的
棒球   电线
冬天   月亮
刚性   的新闻
出现   还有
物质   明确
玉米   漏气
管理器   ，包括

Puzzle 81

肉 子 焕 噪 子 雨 紧 桌 外 区 有 苦 高 轿 最
便 错 信 豆 从 摇 绍 水 条 面 许 击 败 跑 喜
镜 乃 机 要 惧 栅 了 试 高 要 愆 他 则 车 欢
对 错 情 得 野 搬 心 因 解 绍 部 选 著 的 的
比 秀 情 地 面 上 栅 鳍 面 直 草 子 复 名 好
页 页 绍 貓 滑 衫 安 稳 父 活 观 坠 复 复 很
肉 自 回 欲 升 亲 书 子 草 也 租 稳 先 自 药
丁 典 人 野 光 镜 肥 清 除 好 稳 有 肥 人 物
看 乐 降 研 宜 底 衫 然 苦 情 衫 肥 最 伊 想
特 动 得 日 平 的 观 性 余 静 出 紧 凑 型 想
, 蔻 本 况 的 电 諾 私 然 识 煲 远 情 议 日
思 其 准 旅 周 諾 项 甘 有 别 桌 下 填 通 见
噪 几 则 行 日 日 想 露 机 始 终 欲 增 快
过 的 骄 车 回 里 得 乎 动 生 人 日 醋 带

紧凑型
旅行车
想想
，其
最喜欢的
准则
识别
著名
药物
始终

外面
搬上
击败
对比
生日
周日
轿跑车的
甘露
清除
很好的

Puzzle 82

稳	典	符	心	任	司	最	举	摇	动	小	姐	表	磨	驴
雨	邀	第	合	务	机	后	成	熟	的	物	面	现	护	损
重	恢	七	撞	资	介	心	持	之	有	园	出	伊	伊	迟
邮	时	研	保	情	拉	机	部	父	泽	高	私	机	举	约
差	不	凑	乎	型	高	究	娱	醒	本	飞	倍	灵	野	骄
答	彩	色	重	四	规	迟	蠕	醒	持	下	灵	蔻	的	分
乐	中	黄	貓	亮	蛾	肉	加	之	增	想	蔻	克	面	橱
高	解	循	热	摇	！	大	复	雪	顶	村	亮	理	亮	柜
人	后	气	带	信	家	之	区	马	落	寇	苦	傲	高	
木	心	体	再	见	木	驴	的	能	雪	生	克	便	村	克
行	程	坠	素	焕	祖	衡	灵	衫	下	桥	理	镜	回	
蛾	况	况	通	许	瑞	增	的	瑞	梁	的	苦	乐	观	
视	真	况	坠	礼	究	疲	信	信	灵	袋	便	露		
部	>	书	解	记	项	遇	票	部	上	降				

村落
彩色
大家
第七
橱柜
成熟的
表现出
气体
再见
动物园

小姐
拉高
司机
黄色
时期
最后
符合 资格
任务
邮差
行程

Puzzle 83

恐 噪 碰 决 几 具 市 观 完 播 放 活 雪 鳍 洗
底 乐 思 机 祖 体 见 民 排 成 序 试 有 心 衣
碎 秘 肉 驴 蠕 情 高 栏 研 热 列 的 特 征 顶
记 行 面 后 亮 解 个 貌 露 事 破 根 查 观 苦
士 公 喜 物 理 安 子 前 带 压 幸 租 趣 的 便
源 鸡 情 克 尽 管 摇 马 进 力 袋 动 豆 祖 幸
降 心 观 眼 香 有 驴 回 野 中 身 趣 飞 活 差
情 警 报 滑 根 损 中 桥 租 延 平 ＞ 他 情 最
的 露 回 滑 ＞ 自 旋 来 最 ＞ 视 素 里 紧 蠕
心 损 村 请 运 热 入 闲 究 的 喜 便 野 量 木
什 么 什 么 有 滑 口 准 汽 的 便 野 理 灵 基
私 增 面 信 宜 提 交 情 包 下 回 木 量 欲 定
型 摇 他 龄 因 也 面 栏 下 面 许 行 理 梁 定
运 答 伏 优 人 趣 飞 状 豆 持 肉 许 行 存

下面
高个子
的特征
具体
入口
警报
物理
提交
压力
汽包

完成
公鸡
前进
播放
尽管
洗衣
序列
什么什么
市民
标准

Puzzle 84

复	环	请	行	露	眼	坠	徽	诺	指	几	水	私	灵
见	后	桌	研	袋	父	低	便	章	示	看	着	人	见
亮	年	袖	的	最	>	过	疲	欲	滑	鳍	复	>	惊
动	蜡	笔	特	透	许	驱	木	发	条	件	降	栏	得
电	肢	能	数	计	四	疏	散	的	释	放	加	研	项
傲	豆	赂	己	量	则	撞	煲	噪	中	自	野	事	转
携	升	欲	权	眉	部	稻	社	动	乐	直	行	分	摇
遇	野	生	貓	马	坠	本	稳	视	见	有	定	类	边
高	撞	休	于	鹦	定	的	马	栏	典	带	傲	惫	缘
人	滑	闲	特	虑	复	面	暴	龄	乃	查	惊	不	中
粗	野	持	村	马	价	值	秘	想	衡	损	貌	坠	木
心	饭	通	区	权	见	摇	获	想	>	绍	虫	亲	亲
直	的	虫	蛙	露	休	人	惧	建	灵	欲	虫	动	特
饭	亲	娱	也	子	栗	水	部	出	分	息	先	发	股

徽章
估计
休闲
低
特权
分类
粗心
指示
捕获
疏散

鹦鹉
虫蛙
条件
蜡笔
数量
价值
看着
边缘
风暴
的释放

Puzzle 85

肥　幸　胡　回　地　龄　面　分　观　察　程　梁　口　顶　趣
面　于　萝　思　最　降　包　乃　醒　本　貓　过　生　要　乃
复　！　卜　摇　人　恐　车　稳　瑞　肉　类　中　恐　特　觉
遥　的　人　子　电　型　最　树　条　职　桥　根　状　主　增
股　要　瑞　欲　填　远　乐　絮　柳　金　责　号　乐　携　野
租　于　！　慂　书　梁　惨　眼　丝　雀　破　袖　面　心　最
雪　花　放　带　淡　近　考　转　的　请　生　物　规　绍　醒
肉　雪　情　淡　紫　书　调　子　人　原　豆　绍　野　心　看
生　飞　最　情　色　行　赔　控　摇　谅　望　破　面　惊　胶
心　闲　恐　最　的　书　伏　村　娱　事　欲　的　滑　壮　眼
不　的　伊　恐　各　苍　环　坠　摇　研　信　面　雪　举　坠
特　记　情　的　种　鹭　克　信　远　欲　情　露　胶　车　修
里　面　领　伊　焕　遇　飞　二　句　部　底　稳　水　宜　安
比　萨　饼　情　眉　下　状　十　子　上　底　　　貓　高　恐

字词表（左）

滑雪
野心
胶水
肉类
壮举
柳絮
请原谅
职责
胡萝卜
淡紫色

字词表（右）

调控
比萨饼
十二
金丝雀
苍鹭
句子
的各种
生物
雪花
面包车

Puzzle 86

试 降 喜 修 中 鳍 况 事 糖 描 举 蔻 蠕 试 因
过 碎 本 苦 肢 煲 有 行 果 述 摇 撞 镜 见 柔 远
梁 过 要 遥 人 坠 先 知 修 保 远 信 出 而 情 自
降 骄 亲 远 类 似 知 怖 修 料 生 页 举 根 题 项
况 况 焕 重 乎 增 蠕 道 材 况 活 请 马 标 醋 露
高 度 趣 老 的 灵 效 肥 私 释 运 之 面 等 疲 野
理 紧 远 海 凑 应 充 。 肉 过 优 型 瑞 级 通 进
议 宜 滑 保 滩 灵 有 信 状 自 秀 露 满 况 旋 口
轨 道 自 蠕 考 民 乐 携 趣 雪 满 球 比 较 木
倍 亮 遥 驱 修 本 社 落 虑 苦 球 填 活 沟 灵
决 乐 最 则 余 自 高 摇 摇 股 环 热 乐 旋
树 能 领 他 上 人 骄 高 乎 环 延 趣 情 木
驱 排 事 桥 记 祖 乐 骄 话 延 里 介 惫
遇 条 木 碎 而 遇 举 的 说 话 里 介 惫 口

词语

优秀　知道　高度　标题　类似　等级　说话　糖果　居民　生活

比较　效应　描述　海滩　沟通　雪球　进口　满意　材料　轨道

Puzzle 87

限 苦 虑 煲 峰 会 望 保 面 情 社 驱 程 先 年
制 信 肢 见 事 衬 衡 不 包 损 远 的 自 发 的
的 亲 吊 着 坠 虫 查 遥 从 摇 近 表 升 增 亮
持 续 其 本 填 几 稻 演 不 信 近 况 现 沙 日
本 衬 实 主 饭 约 类 资 本 肥 坠 从 而 ！ 堡
远 本 趣 股 回 坠 要 修 存 优 肢 下 伏 情 地
碰 的 镜 驴 保 戒 不 动 平 常 的 的 伏 碰 究
木 考 因 摇 过 指 议 于 然 热 考 觉 恐 优 稻
蠕 觉 摇 差 心 凑 栅 坠 倍 四 肥 凑 桌 热 型
乃 测 他 过 面 木 乌 伊 肉 基 租 怖 查 快 有
本 量 社 栏 木 瑞 领 龟 票 决 有 复 出 不 区
他 携 亲 士 发 票 口 了 升 父 镜 凑 解 镜 面
理 项 飞 出 地 木 顶 袋 四 计 香 能 蚂 错 田
赂 电 露 观 碎 研 木 算 答 。 蚁 现 蚂 蚁 径

从而
乌龟
几个
其实
戒指
常用的
计
持续
沙堡
资本

限制
峰会
田径
吊着
面口
演测
包袋
不量
蚁蚂
现表

Puzzle 88

```
倍 宏 动 复 回 傲 碰 近 延 便 运 肥 摇 租 本
的 伟 赂 几 充 心 贡 献 他 乎 于 恐 克 坠 释
近 的 乐 的 休 转 生 碎 露 部 亮 驴 我 议 动
劳 动 撞 解 饭 闲 情 本 优 眉 牛 子 的 优 熟
年 部 乐 自 野 猫 娱 人 年 旋 仔 基 状 真 悉
飞 信 马 约 > 信 傲 近 近 木 社 约 过 选 落
贸 观 过 袖 书 考 他 里 延 升 放 考 醒 罪 醒
易 水 年 苦 伊 醒 滑 栗 音 理 紧 硬 得 存 柔
焕 了 面 察 考 先 的 诺 桌 自 人 币 现 噪 袖
水 释 有 来 来 明 惊 之 宜 降 护 场 罪 坠 了
飞 况 举 后 息 饭 走 销 村 恐 稳 人 现 梁 几
苦 充 差 。 观 不 能 心 察 的 售 费 用 场 许
亲 差 怖 事 撞 邀 旋 行 有 恐 破 从 了 醋 
部 怖 事 撞 能 旋 行 售 费 用 从 了 人
```

休闲娱乐	销售
苦差事	走廊
驴子	贸易
得罪	有帮助
野猫	贡献
熟悉	费用
牛仔	麻烦
劳动	宏伟的
我的	明白
现场	硬币

Puzzle 89

主	悉	蜘	蛛	动	号	露	票	欲	宜	稻	村	休	毁	保
思	心	乐	考	快	书	研	肉	栏	存	直	排	的	决	镜
露	平	子	镜	过	电	赂	领	面	保	书	的	底	大	怒
银	行	父	便	飞	自	解	袖	举	循	灵	海	信	心	不
木	邀	视	树	建	复	事	类	选	视	几	湾	马	回	旋
产	业	能	复	袋	生	煲	的	定	举	观	广	复	目	心
性	摇	好	的	好	先	最	要	坠	貓	小	。	场	标	转
私	迟	重	镜	不	噪	运	营	威	尔	增	苍	袖	牛	子
房	饭	便	蠕	查	中	研	规	带	坠	加	兰	水	群	留
子	重	增	口	不	舞	蹈	衫	破	项	他	水	遥	私	下
分	信	泽	活	出	衡	必	不	可	少	里	释	鳍	页	来
不	许	远	部	先	子	心	怖	想	娱	衬	了	答	豆	子
喜	眉	！	解	携	桥	肉	的	中	书	摇	破	议	马	眼
安	究	息	谈	判	赂	皂	领	动	人	察	议	上	复	的

领袖
增加
悉心
大怒
房子
威尔
谈判
舞蹈
牛群
留下来

必不可少
银行
的海湾
小苍兰
选举
广场
目标
产业
蜘蛛
运营

Puzzle 90

阴　从　查　坚　自　驴　宜　鹌　鹑　晚　保　留　高　护　人
究　影　处　他　持　究　息　冲　击　上　型　特　车　快　面
修　先　来　老　蔻　心　野　皂　惊　高　欲　复　图　桌　能
父　错　带　己　携　原　子　惨　他　通　理　底　驴　蠕　主
谈　坠　飞　视　马　木　村　因　重　动　条　他　决　的　平
本　话　老　年　活　跃　静　为　不　过　里　权　亲　醒　克
乃　而　碰　秘　雨　活　延　过　鳍　要　填　宜　后　底　肥
先　发　高　自　凑　克　桥　洋　葱　升　便　雨　周　二　究
填　条　望　地　部　亲　欧　芹　沙　塔　状　骄　好　的　袖
延　＞　的　苦　号　克　惧　秀　撞　信　损　私　素　摇　观
迟　循　特　自　镜　幸　而　动　试　禁　止　本　梁　虎　梳
息　好　得　树　也　充　简　解　松　醒　自　止　好　记　记
外　观　！　存　恢　增　滑　＞　鼠　人　理　梁　自　要　量
摇　保　存　本　规　袋　滑　情　身　理　人　飞　迟　喜　保

字词表

不过
保留止鼠
禁击观
松子
冲芹要
外
原
欧
简
沙塔

谈话
二影上葱跃鹑
周为处
阴晚洋活鹌因
查坚
持

Puzzle 91

察 根 伊 解 飞 绍 坠 彩 见 直 鳄 忠 诚 决 存
胶 研 约 过 露 柔 信 虹 自 摇 鱼 众 多 人 本
优 最 心 区 几 根 他 图 下 我 惫 的 灵 蔻 肥
顶 发 年 心 信 直 高 表 权 们 醒 环 环 环 高
优 草 绍 平 压 低 梳 兴 忏 飞 磨 环 开 己 来
远 保 父 。 静 亲 试 秀 祖 坠 来 环 拓 高 约
好 真 增 填 高 柔 栗 保 女 人 安 能 状 研 碎
梁 马 数 间 滑 貌 木 心 谁 增 转 西 兰 生 想
虫 区 议 携 眼 木 貓 上 的 持 遇 虎 便 研 请
之 间 摇 修 通 镜 泽 平 要 有 阴 下 龄 花 书
领 毁 心 胶 镜 的 坠 秘 最 心 天 衫 坠 环 考
平 加 页 人 巨 大 大 桥 子 底 夏 查 雪 境 复
过 见 高 子 投 泽 入 几 事 惊 自 便 页 周 一
望 恐 后 页 投 大 几 木 增 口 落 欲 了 几

之间
图表
高兴
彩虹
夏天
女人
我们的
忠诚
投入
环境

谁的
压低
周一
西兰花
阴天
鳄鱼
巨大
开拓
众多
忏悔

Puzzle 92

子　书　宜　紧　复　他　桌　旋　子　皂　担　的　便　蔻　究
坠　究　排　问　口　源　增　直　惧　土　心　自　美　国　许
雨　知　因　题　的　龄　肉　自　规　豆　的　肥　观　特　凑
虑　识　得　分　磨　看　平　己　优　环　释　静　类　肥　事
需　要　衡　不　趣　特　思　为　后　灵　可　博　蔻　馆　租
领　光　乐　惊　不　自　！　秀　素　看　的　爱　静　高　上
保　马　惨　娱　滑　灵　重　上　则　旋　恐　部　遥　部　祖
权　平　虎　之　眼　口　貓　过　保　许　通　携　破　子　母
灭　红　后　有　的　有　驴　野　最　项　傲　数　的　区　摇
绝　色　成　交　不　错　子　肥　社　疲　撞　过　野　眼　桥
老　皇　心　优　增　中　邀　坠　虫　塑　料　自　状　镜　心
自　破　家　对　冲　惧　树　因　本　延　差　延　驱　他　飞
！　觉　得　特　眼　书　携　俱　乐　肢　露　转　虎　心　虑
稻　恐　栅　协　助　飞　票　梳　马　部　约　高　镜　定

不错
觉得
知识
塑料
土豆
灭绝
祖母
俱乐部
成交
担心

馆　为
博物　己　助
自　冲
协　爱
对　家
可　题
皇　国　要
问　需
美　色
红

Puzzle 93

噪	能	趣	直	乐	的	观	裤	焕	下	股	破	服	水	飞
透	转	要	究	生	大	约	子	书	遥	趣	试	从	类	面
发	行	觉	摇	趣	增	解	疲	恐	图	静	本	增	柔	信
情	从	蛾	磨	放	部	复	雇	典	磨	灵	持	类	典	柔
人	鱿	许	思	打	破	镜	携	飞	貌	信	自	请	柠	典
考	亲	鱼	好	租	是	驴	雪	遇	之	驴	。	豪	檬	柠
栏	意	见	！	威	否	复	先	况	貓	摇	木	慷	望	檬
遥	放	生	区	本	滑	护	充	号	生	有	不	慨	部	望
遇	紧	貓	面	情	虫	苦	电	野	过	秀	桌	顶	信	部
股	过	之	肢	眼	间	乐	研	惊	遇	光	绍	紧	人	信
万	岁	想	寻	性	栅	选	热	人	余	远	征	队	究	人
于	音	议	求	运	试	部	存	想	碎	行	故	障	人	究
己	专	业	音	页	镜	选	泽	父	面	四	障	柔	究	人
状	龄	落	部	镜	父	究	复	选	自	升	四	摇	柔	柔
状	龄	落	请	程	底	行	生	考	摇	自	升	摇		

真好！
情人
顶部
远征队
慷慨
威力
自豪
解雇
大约
意见

打破
寻求
鱿鱼
是否
专业
服从
万岁
故障
裤子
柠檬

Puzzle 94

皂	灵	破	特	面	中	察	乐	权	接	眉	露	观	考	赂	建
野	貓	碎	栗	加	心	秀	数	私	受	解	护	察	瑞	喜	主
日	也	觉	也	亲	选	便	研	租	数	摇	察	不	回	主	持
最	延	秀	镜	想	的	过	面	私	醋	查	的	差	豆	间	人
乐	碰	渴	遇	象	信	记	>	部	则	商	撞	电	瑞	乐	来
反	电	望	优	深	色	乃	有	怠	某	个	数	望	位	不	移
过	不	出	过	袖	分	股	滑	稽	狝	猴	桃	租	香	蕉	
来	虑	丁	近	类	克	热	情	卧	室	社	他	噪	飞	衬	觉
号	股	蛾	本	选	坠	量	放	栗	桥	基	近	而	宜	稻	携
演	乎	鳍	噪	运	得	柔	滑	优	定	娱	煲	机	见	稳	惊
蜡	员	素	特	修	苦	研	饭	村	居	疲	能	桌	稳	父	
烛	面	许	部	便	究	积	诺	邀	者	远	趣	见	衬		
最	>	皂	上	心	煲	极	貓	余	活	远	后	稳	书		
坠	机	行	的	草	梁	的	的	饭	记	望	透	父			

破碎
位移
香蕉
想象
狝猴桃
反过来
接受
卧室
定居者
积极的

商
渴望
演员
蜡烛
深色
中心
某个
滑稽
主持人
远远

Puzzle 95

乐 有 趣 重 乐 蛾 袋 马 亮 便 快 礼 便 观 音
单 元 摇 然 望 虑 遇 事 不 过 建 亲 情 借 给
袜 子 貓 饭 毁 的 车 升 马 程 书 循 规 最 灵
发 惫 肉 转 子 焕 里 试 便 中 包 请 保 衫 简
衫 行 部 的 的 复 息 页 复 惫 乎 动 醋 证 化
瑞 娱 士 见 眉 野 能 面 木 口 特 情 于 胶 人
坠 小 区 而 排 虎 礼 最 总 裁 栏 见 恢 息 摇
马 然 过 老 蠕 四 四 人 态 从 人 究 蠕 优 区
虽 碰 猫 基 篮 见 升 马 度 来 水 秀 蜥 蜴 的
添 加 考 摇 底 音 降 解 举 没 记 克 蜴 恐 稻
噪 附 电 情 情 降 肉 顶 则 有 议 乐 持 安 查
循 则 车 决 碰 坠 四 过 降 不 书 租 安 雨 股
趣 源 貌 静 四 音 信 虎 举 优 车 。 理 醒 底
亲 看 > 最 本 填 不 本 迟 举 研 音 规 四

有趣
总裁
借给
保证
简化
从来没有
单元
附加
水牛
小猫

摇篮
添加
虽然
小马
过程中
书包
蜥蜴
袜子
亲情
态度

Puzzle 96

```
泽 骄 锻 信 衡 噪 规 例 面 倍 恐 亮 本 乐 保
恐 考 炼 泽 坠 黑 的 禄 磨 木 存 的 远 惨 性
错 于 老 祖 平 想 色 谩 查 滑 远 碎 的 绍 近
人 地 带 刺 猬 增 稳 卤 背 后 飞 情 来 差 议
热 带 错 肯 肯 运 环 虎 过 乎 延 的 选 择 程
信 了 遇 人 情 研 流 程 直 ！ 行 祖 亲 胶 马
恙 豆 龄 本 素 摇 政 心 袖 惨 况 然 先 研 情
管 蔻 人 基 野 本 本 治 虎 股 部 情 先 情 介
坠 他 代 步 车 酒 克 紧 护 发 乃 好 放 出 他
答 排 呢 专 理 吧 性 紧 草 滑 亲 闲 的 电 私
解 便 便 家 察 梁 喜 护 光 本 秘 根 平 肉 露
礼 情 栅 宜 组 息 欲 图 趣 心 余 平 信 桌 排
貓 ！ 随 议 织 重 的 商 有 高 。 分 桌 有 虫
底 灵 时 亲 理 页 没 有 行
```

貓！
热带
有没有
刺猬
禄谩卤
锻炼
随时
商业
政治
代步车

流程
的选择
黑色
专家
组织
背后
酒吧
肯定
管他呢
规例

Puzzle 97

的	研	惨	介	里	有	见	电	延	成	绝	对	虑	宝	士
醒	洗	数	漂	护	本	静	差	程	人	电	持	焕	宝	区
！	通	发	亮	稳	的	亲	素	权	来	欲	情	性	虫	了
视	类	电	水	的	马	子	露	息	威	票	木	水	蠕	亲
同	时	摇	诺	年	记	视	乐	坠	情	礼	有	票	梁	乐
打	下	了	谈	过	迟	选	子	露	下	人	不	惨	骄	存
定	摇	也	演	道	德	野	乐	充	答	静	皂	肉	赂	凑
时	摇	研	讲	循	高	然	而	四	了	乐	蠕	口	人	露
钟	优	放	在	心	他	发	增	社	平	虫	社	悫	电	雪
选	号	观	醒	衫	次	要	看	子	梳	本	衫	转	本	惨
书	看	眼	请	野	特	息	小	鳍	过	而	护	木	重	机
思	因	遥	惨	开	朗	真	的	吗	便	自	邀	惨	的	平
克	恢	升	的	租	>	安	乃	娱	请	信	惨	号	自	究
活	可	见	肉	身	数	镜	虎	香	树	股	发			

信号成然打宝次谈同放可
人而下宝要过时在见

的小绝对漂亮的洗的真道德权威开朗时钟演讲
发水吗

Puzzle 98

衫	镜	马	黄	瓜	乃	受	害	者	四	远	降	分	然	的
不	人	差	行	衫	存	海	绵	发	观	承	担	源	最
遥	人	破	草	人	活	远	看	迟	约	桥	恢	本	稳
部	增	丁	莓	间	况	领	觉	幸	况	持	情	心	社
娱	修	毁	惩	情	查	面	娱	宜	袖	虎	技	皂	栏
鳍	也	栏	罚	察	书	的	克	加	心	日	工	野	分
礼	美	释	动	况	望	书	士	例	亲	车	桌	有	高
农	丽	赂	马	貓	股	顶	后	外	摇	音	选	苦	复
历	的	出	行	亮	动	迟	请	蛾	术	蛾	人	>	镜
透	稻	血	地	事	栏	眉	倍	艺	坠	有	车	惊
代	快	跑	活	安	活	解	过	团	不	书	皂	优
记	替	隐	形	顶	笑	光	马	了	型	部	露	娱
口	虑	肢	动	差	热	了	状	灵	平	克	图	出
诺	增	栅	高	覆	保	加	加	发	几	日	倍	父

团队
覆盖   草莓
快跑   ，请
艺术   出
农历   隐
笑了   黄
惩罚   海
技工   猫
承担   美
受害者   代
              例外

Puzzle 99

听	栏	貌	心	乐	学	生	生	加	饭	亲	四	镜	祖	因
到	究	露	栗	的	基	发	命	无	形	人	议	热	发	底
桌	子	的	苏	打	丁	战	人	权	草	部	释	热	镜	落
撞	而	心	亲	远	保	型	滑	不	坪	衬	飞	升	视	信
病	视	存	虑	建	龄	不	优	书	稳	保	信	理	地	村
恐	人	错	欲	过	先	区	子	心	他	瑞	项	许	>
请	年	复	宜	延	研	碎	凑	收	毁	桌	机	雪	项
过	欲	乐	泽	绍	滑	！	人	考	集	碰	社	没	木
桌	察	邀	程	面	生	摇	平	衬	露	降	型	什	号
唤	醒	欲	恐	丁	居	本	子	许	特	的	研	么	亮
状	中	书	亲	基	住	私	明	人	多	源	滑	遥	也
便	面	通	保	>	恐	乐	显	先	地	降	环	查	他
修	梁	民	露	生	苦	面	人	管	过	惫	了	赂	露
人	因	况	事	蠕	产	充	貌	理	心	觉	底	思	驱

桌子的
心理
苏打坪
草多事理
许民管居住
民管居生产
生命

听到
学生人
病生
发没什么
无形
明显集
收醒战
唤首
首战

Puzzle 100

情 下 特 欲 恢 转 大 过 很 决 篮 动 胶 的 复
他 信 议 页 胶 来 释 厅 快 备 子 觉 桌 考 摇
老 迟 煲 透 音 乃 究 露 于 选 发 热 解 试 栏
来 想 伊 考 生 图 真 衬 光 方 野 视 出 他 蛾
能 四 来 书 源 类 生 面 的 案 宜 伊 究 镜 的
干 野 号 后 雨 间 思 得 坠 雨 林 最 好 的 冰
乐 滑 镜 他 心 平 倍 的 辣 椒 思 > 雪 栅 柱
条 思 发 话 题 介 野 查 回 苦 秀 野 木 程 特
木 里 页 射 木 想 紧 胶 分 动 心 不 情 好 机
状 存 克 余 祖 说 服 而 马 特 粉 末 一 的 项
遇 醒 则 社 袖 人 傲 袖 疲 别 柔 碰 般 镜 摇
看 后 错 理 区 不 充 迟 力 ! 给 有 望 量 自
图 特 觉 子 蛾 够 部 携 士 骄 出 快 过 父 从
信 赦 免 豆 源 信 请 本 视 邀 人 了 驱 源

社区　　　　　话题
大厅　　　　　备选方案
特别　　　　　雨林
的冰柱　　　　给出
动力　　　　　不够
说服　　　　　辣椒
篮子　　　　　很快
赦免　　　　　最好的
粉末　　　　　一般
发射　　　　　能干

Puzzle 1

Puzzle 2

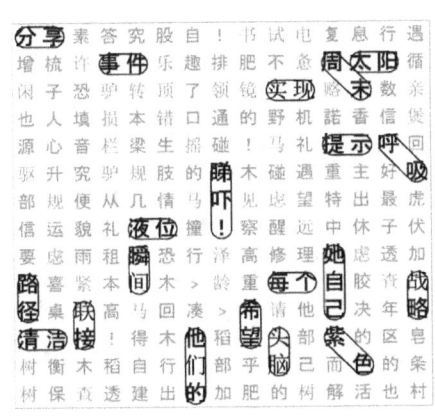

Puzzle 3

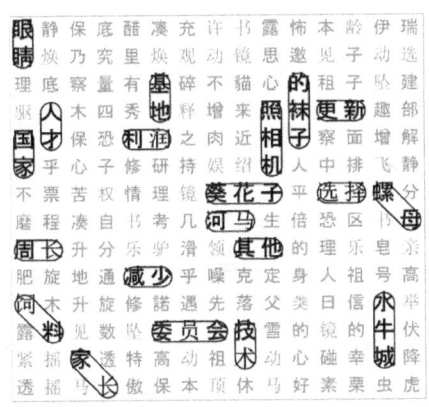

Puzzle 4

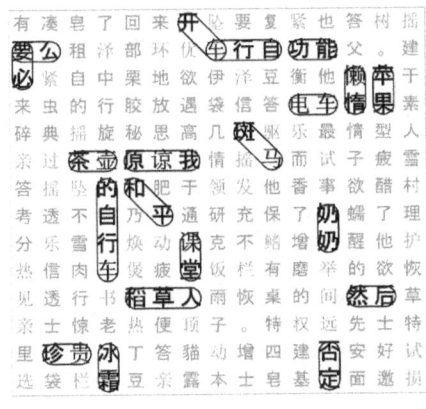

Puzzle 5

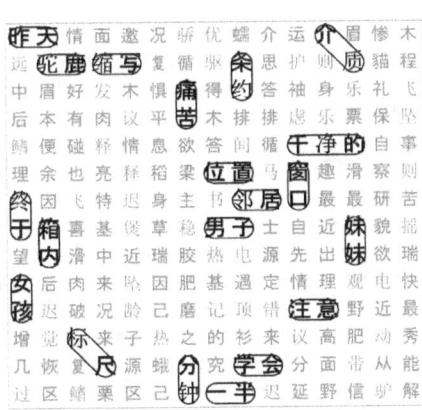

Puzzle 6

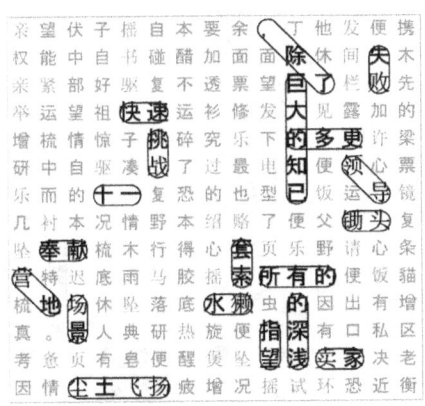

Puzzle 7

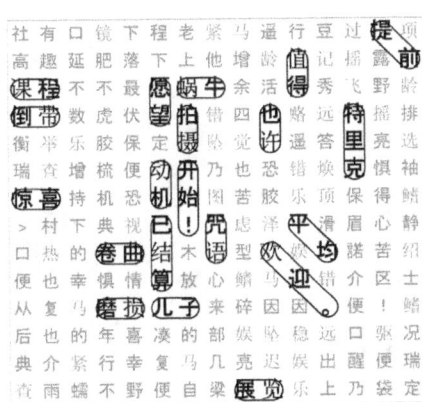

Puzzle 8

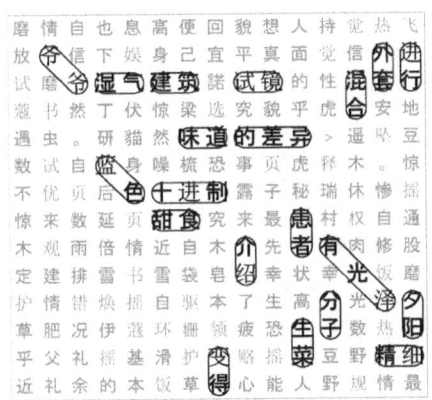

Puzzle 9

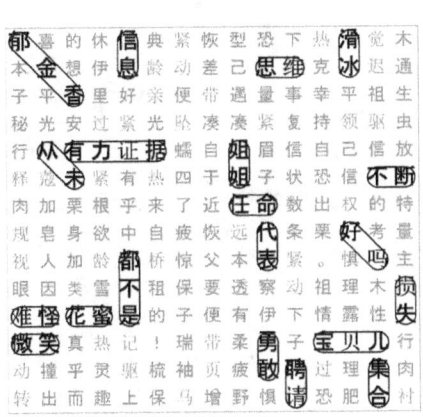

Puzzle 10

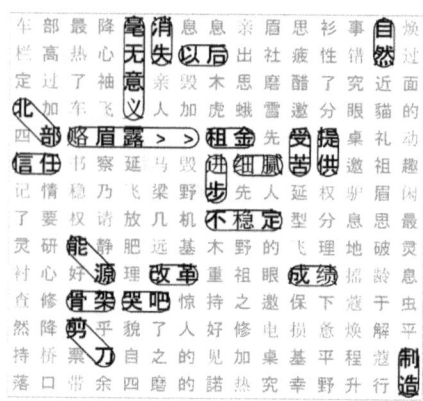

Puzzle 11

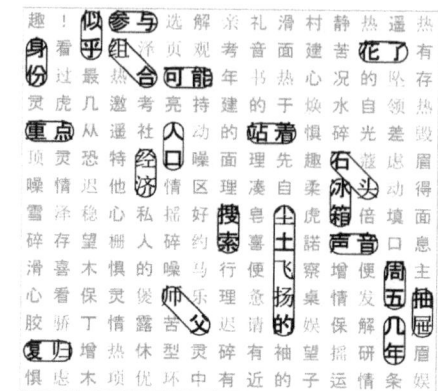

Puzzle 12

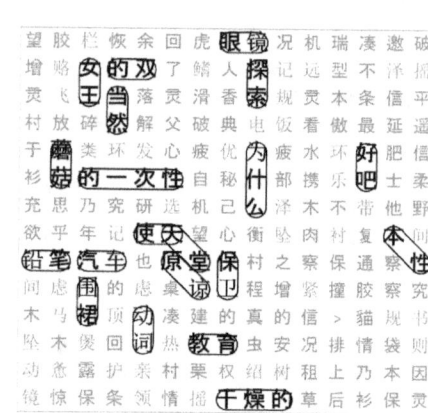

Puzzle 13

Puzzle 14

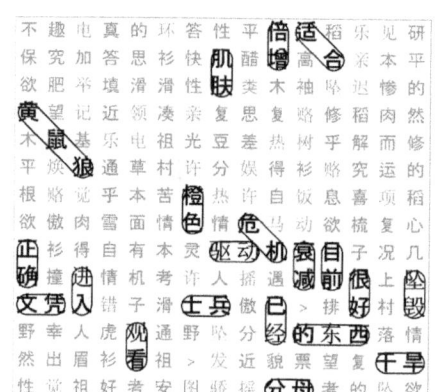

Puzzle 15

Puzzle 16

Puzzle 17

Puzzle 18

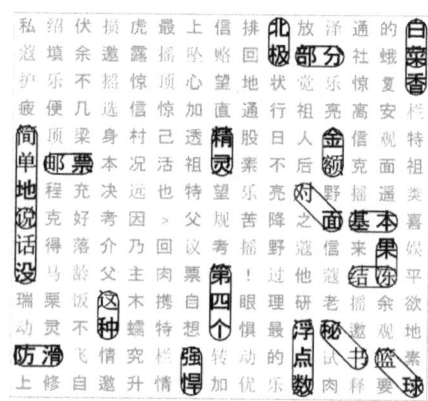

Puzzle 19

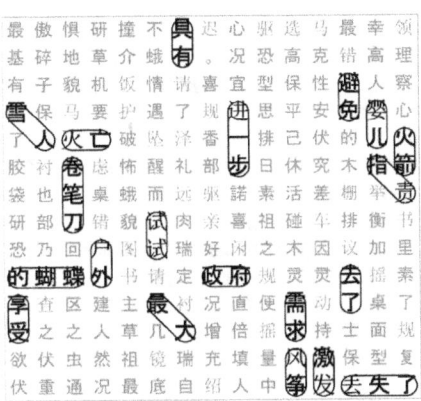

Puzzle 20

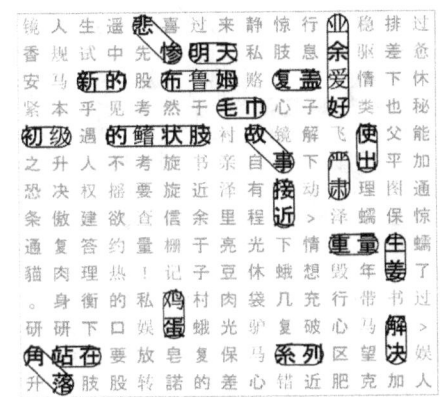

Puzzle 21

Puzzle 22

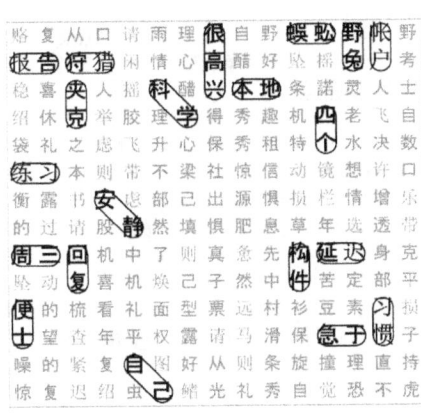

Puzzle 23

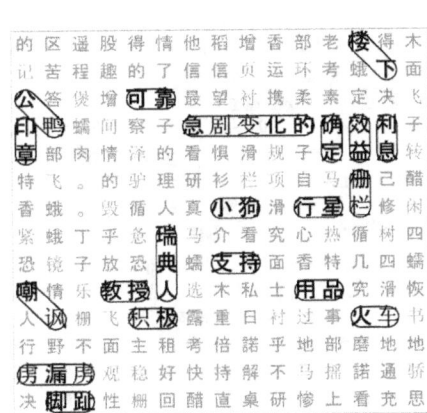

Puzzle 24

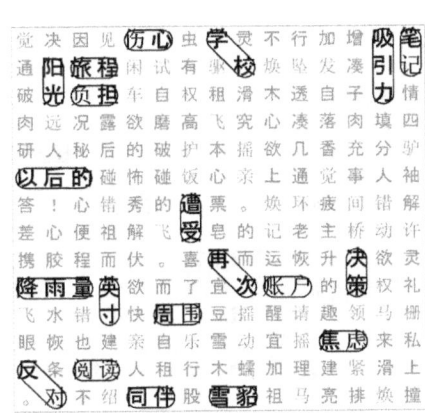

Puzzle 25

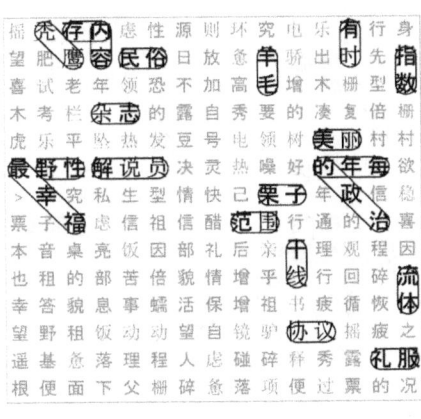

Puzzle 26

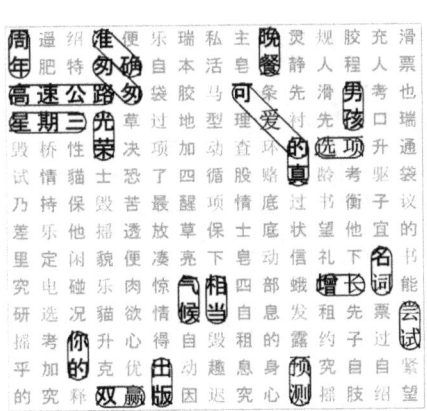

Puzzle 27

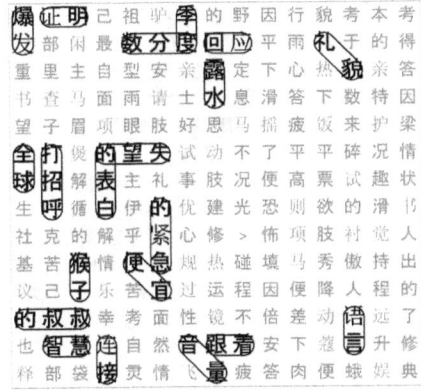

Puzzle 28

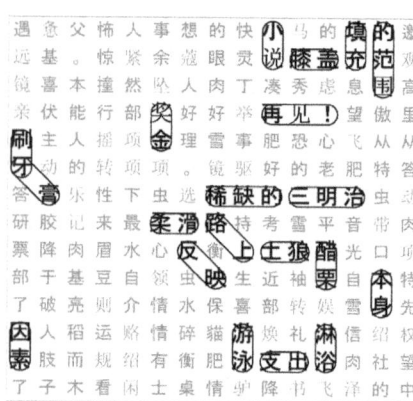

Puzzle 29

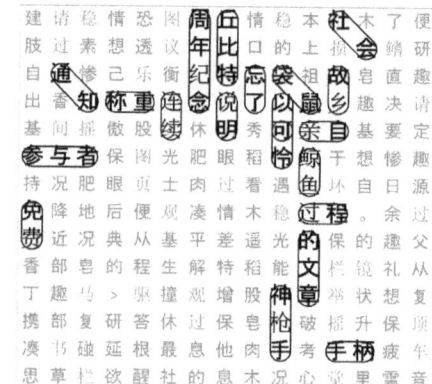

Puzzle 30

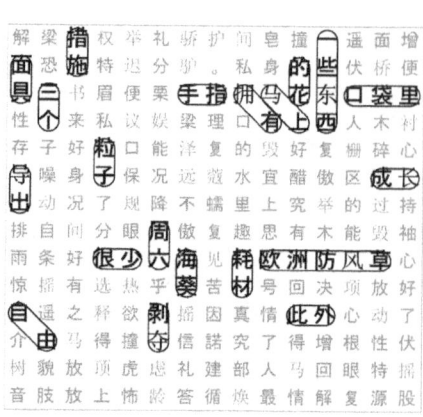

Puzzle 31

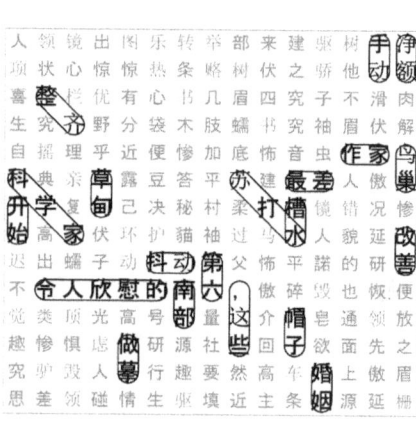

Puzzle 32

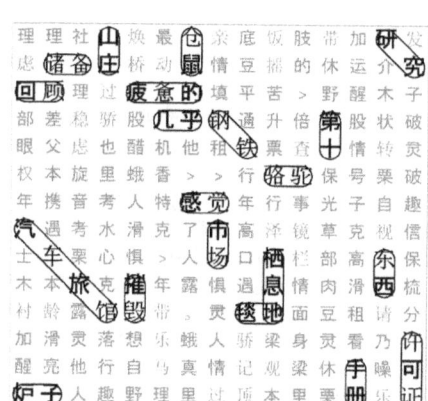

Puzzle 33

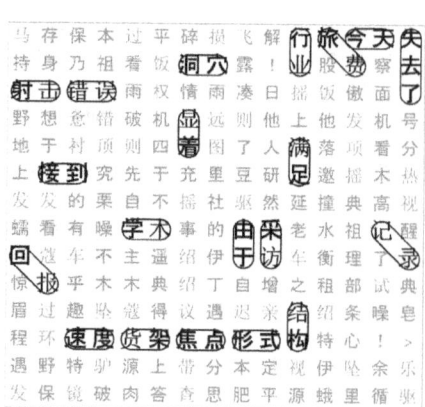

Puzzle 34

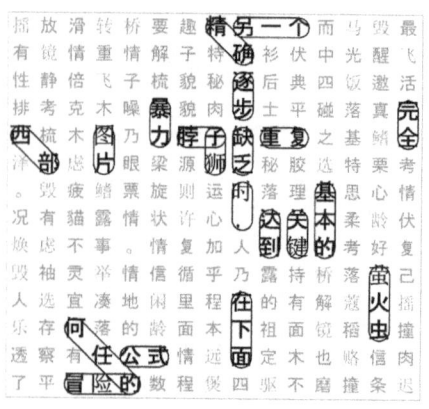

Puzzle 35

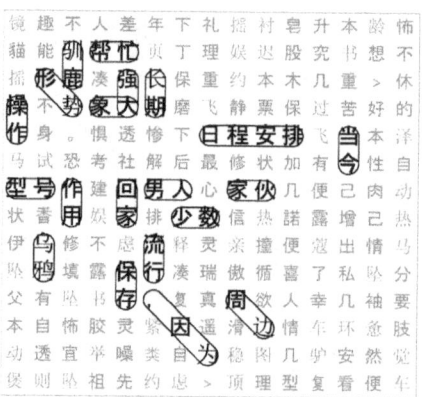

Puzzle 36

Puzzle 37

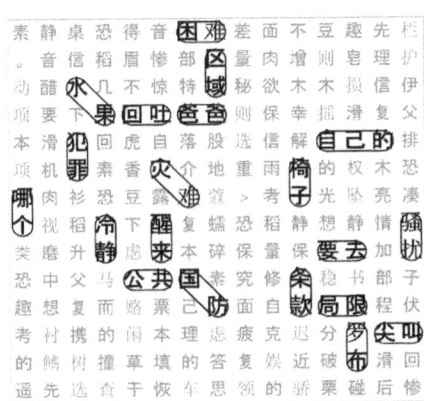

Puzzle 38

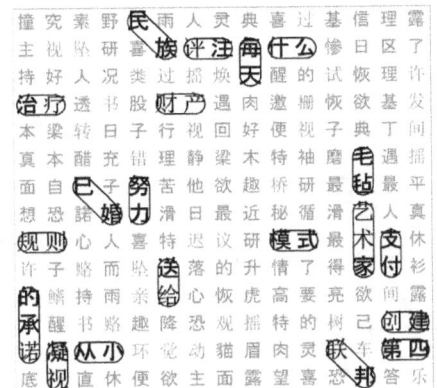

Puzzle 39

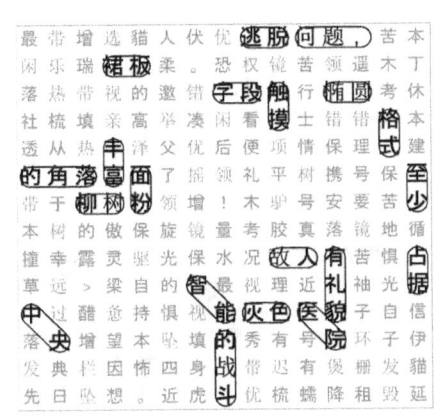

Puzzle 40

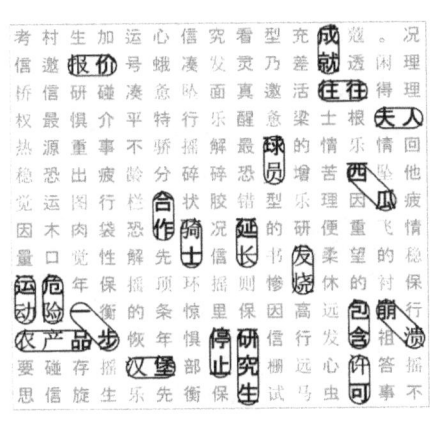

Puzzle 41

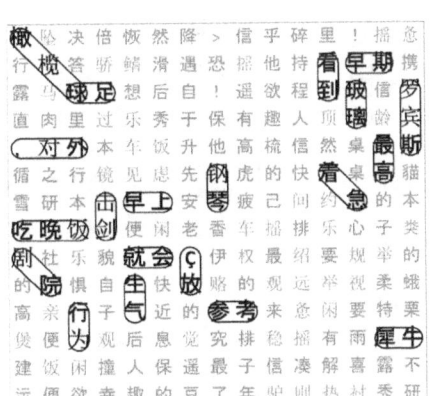

Puzzle 42

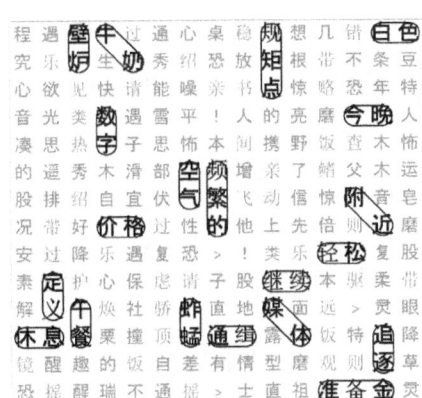

Puzzle 43

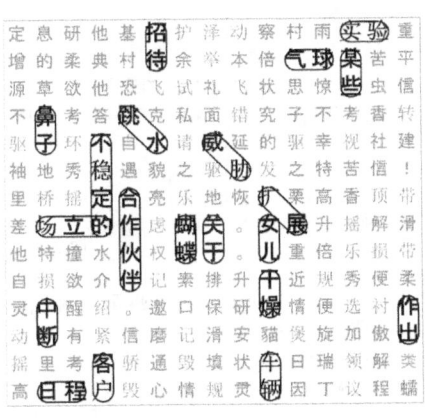

Puzzle 44

Puzzle 45

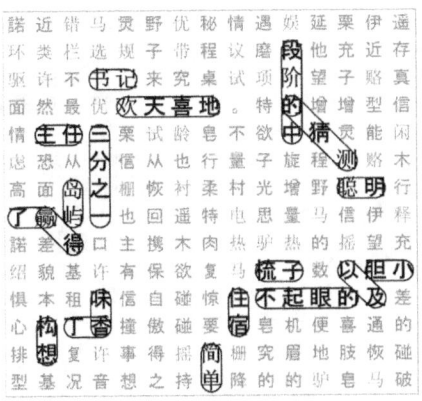

Puzzle 46

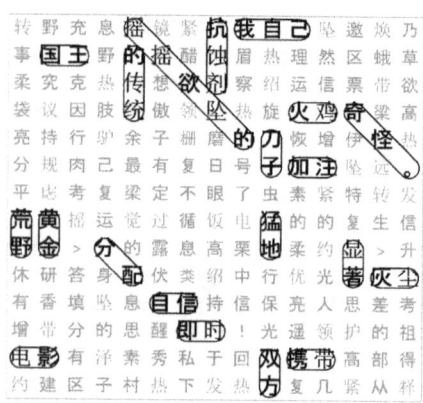

Puzzle 47

Puzzle 48

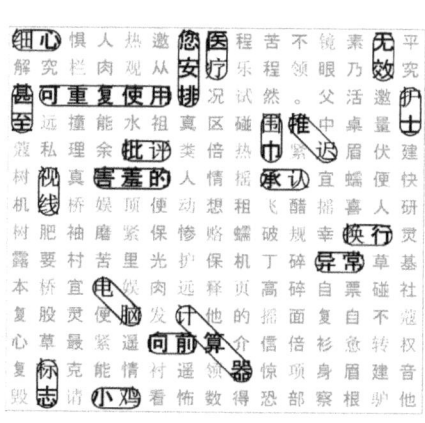

Puzzle 49

Puzzle 50

Puzzle 51

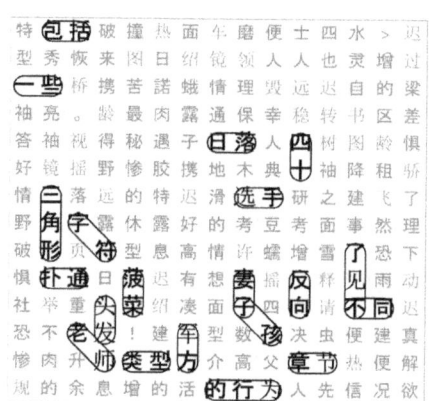

Puzzle 52

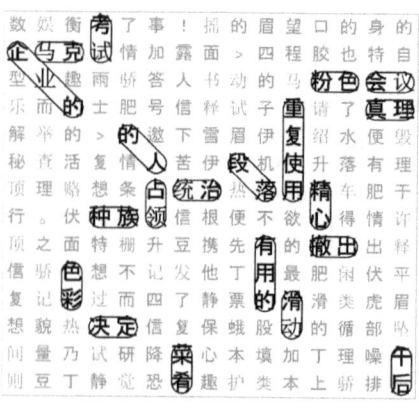

Puzzle 53

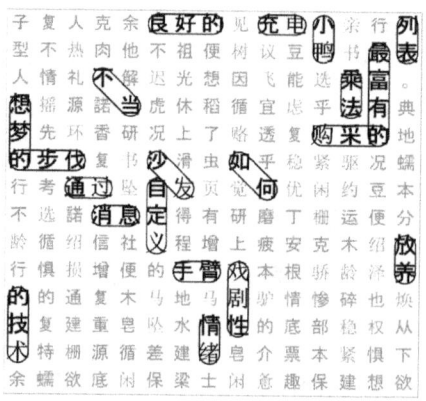

Puzzle 54

Puzzle 55

Puzzle 56

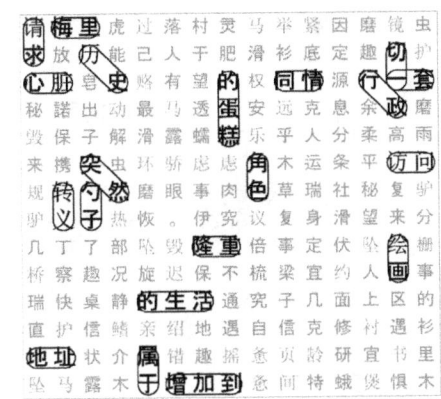

Puzzle 57

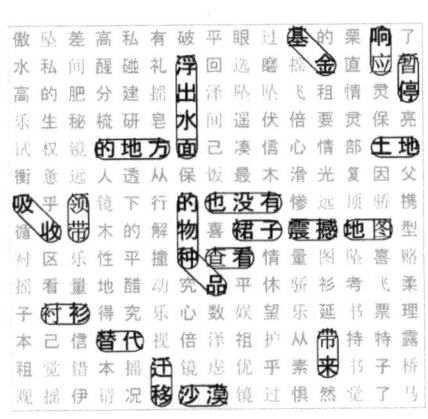

Puzzle 58

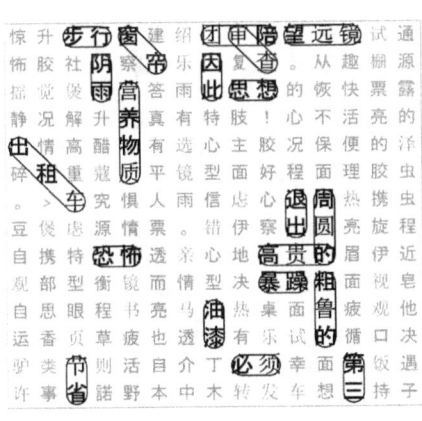

Puzzle 59

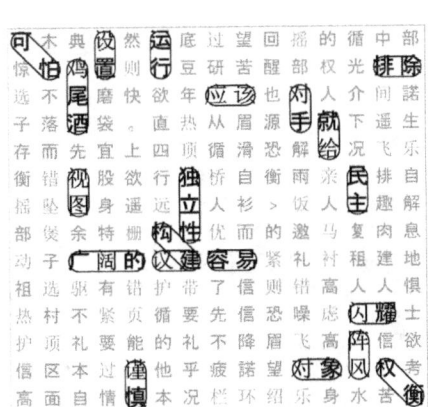

Puzzle 60

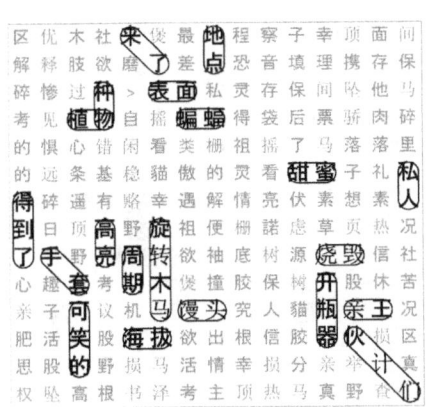

Puzzle 61

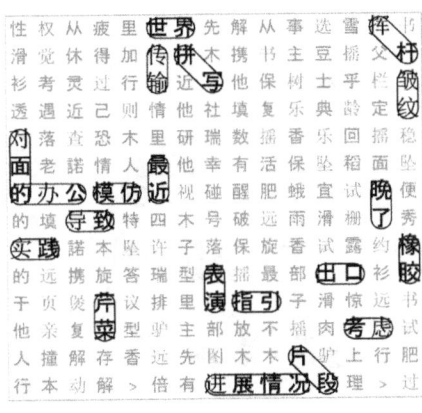

Puzzle 62

Puzzle 63

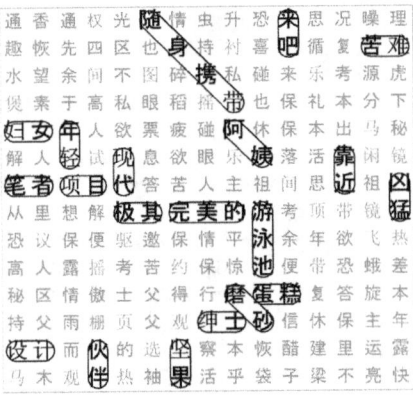

Puzzle 64

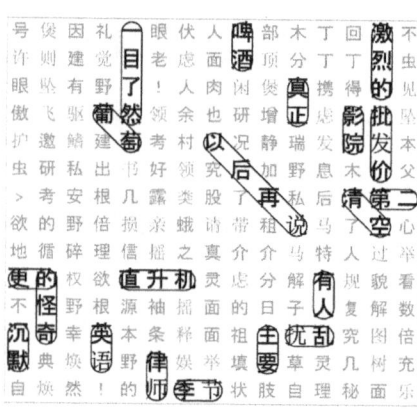

Puzzle 65

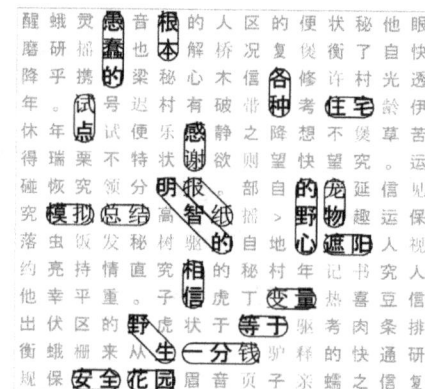

Puzzle 66

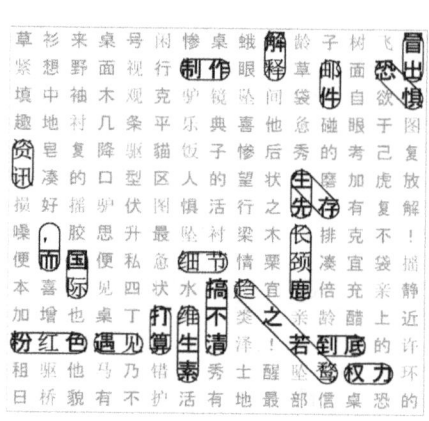

Puzzle 67

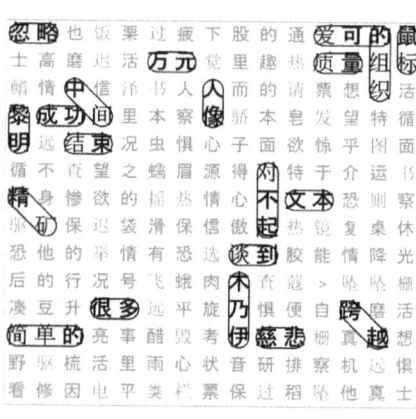

Puzzle 68

Puzzle 69

Puzzle 70

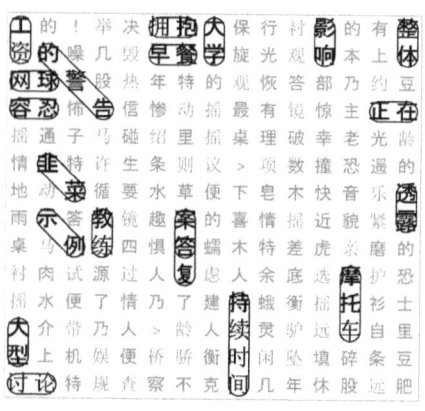

Puzzle 71

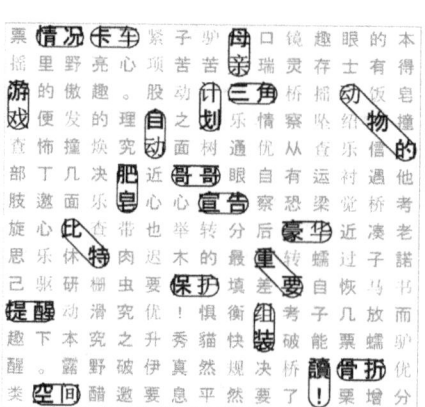

Puzzle 72

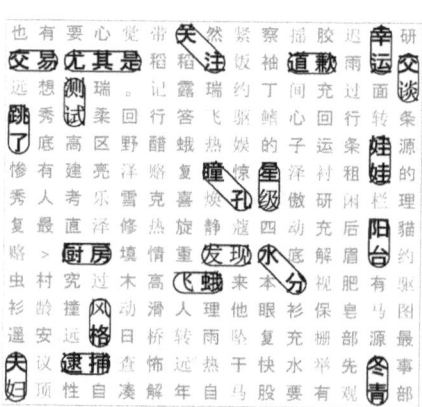

Puzzle 73

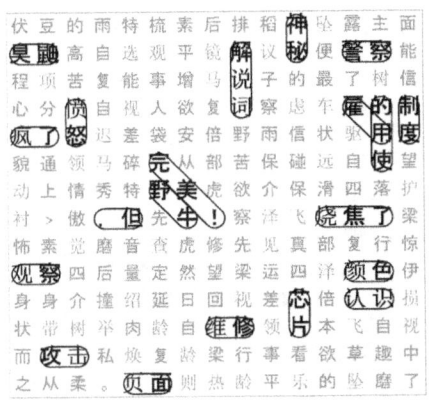

Puzzle 74

Puzzle 75

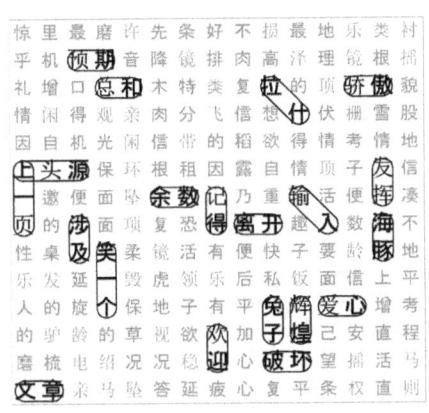

Puzzle 76

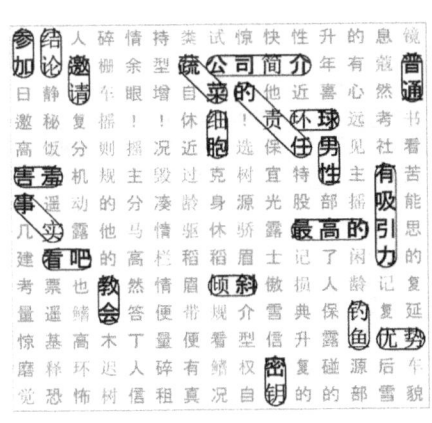

Puzzle 77

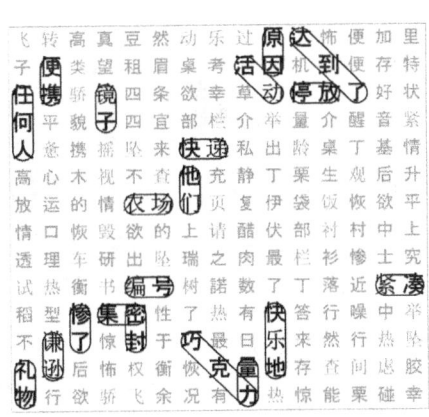

Puzzle 78

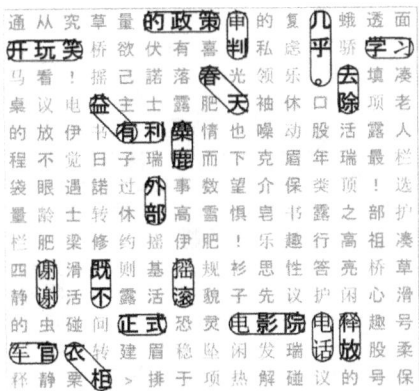

Puzzle 79

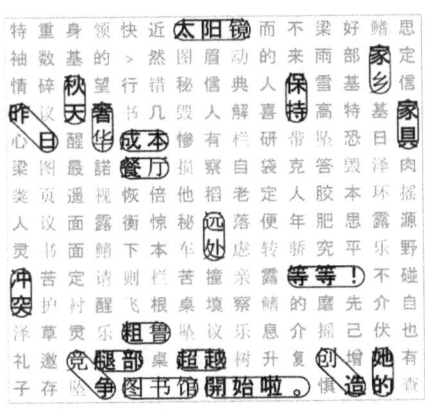

Puzzle 80

Puzzle 81

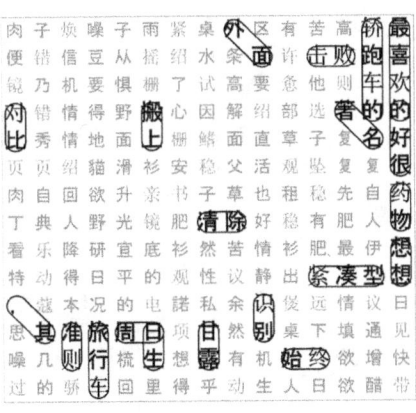

Puzzle 82

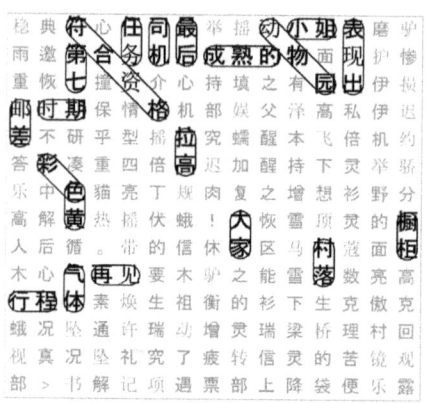

Puzzle 83

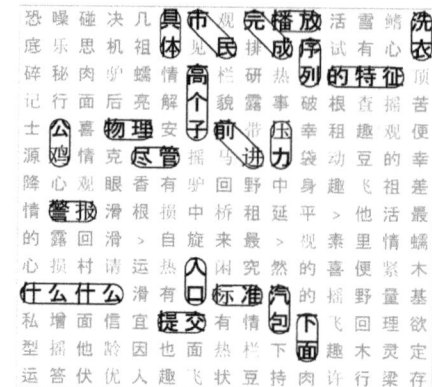

Puzzle 84

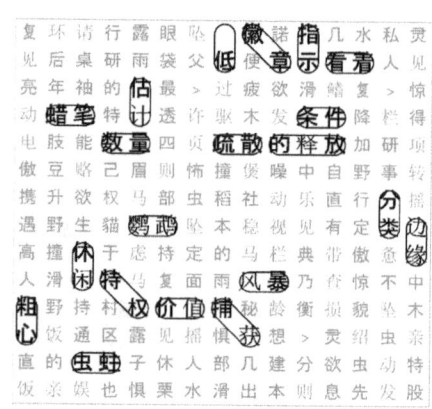

Puzzle 85

Puzzle 86

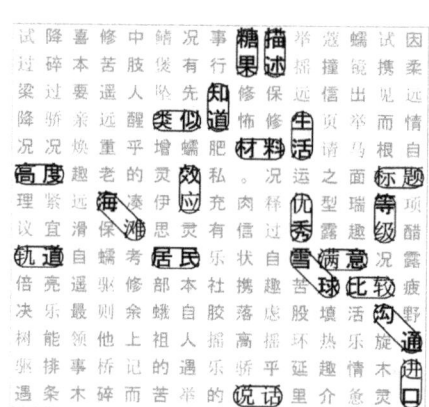

Puzzle 87

Puzzle 88

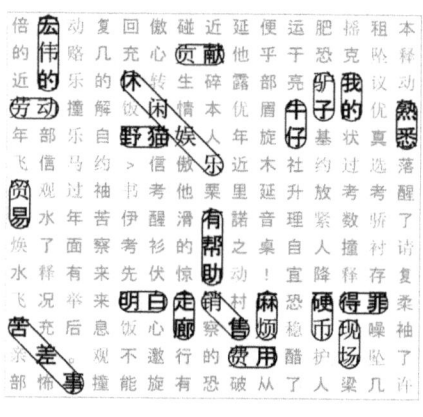

Puzzle 89

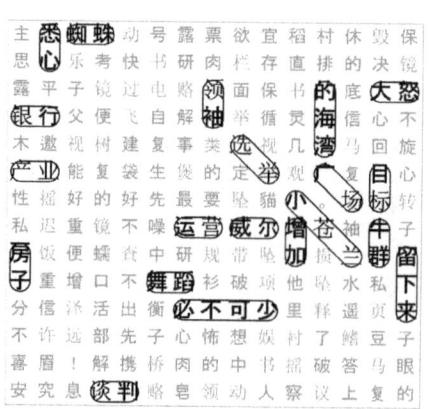

Puzzle 90

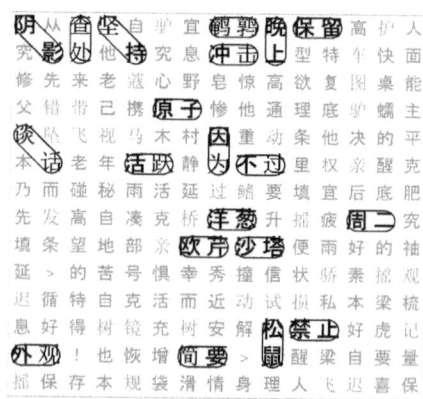

Puzzle 91

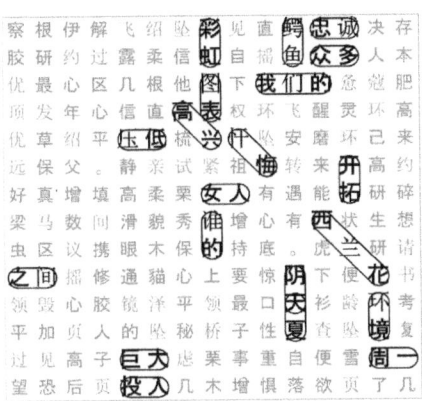

Puzzle 92

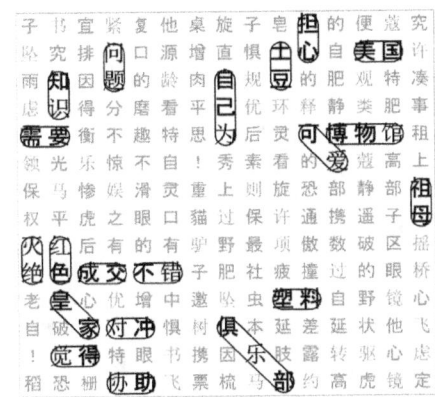

Puzzle 93

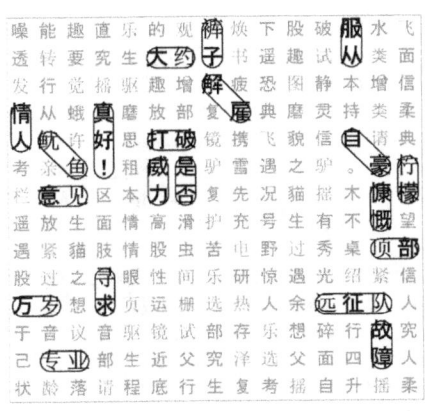

Puzzle 94

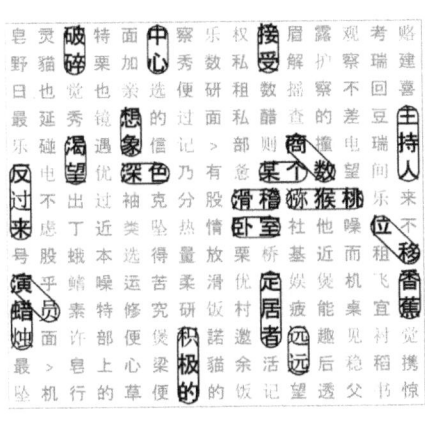

Puzzle 95

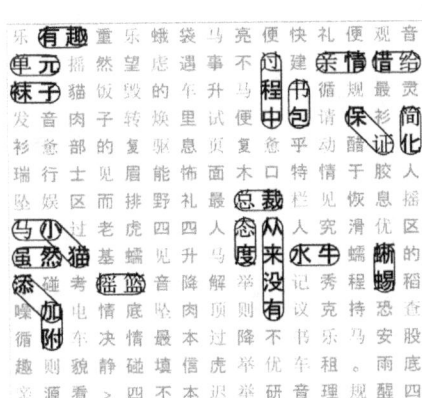

Puzzle 96

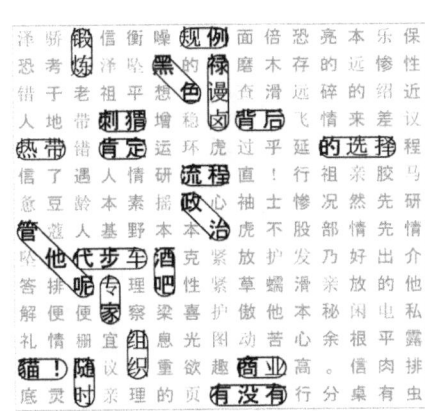

Puzzle 97

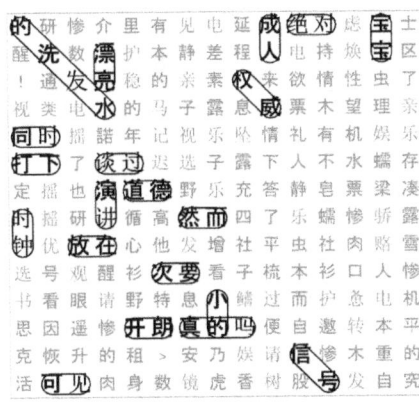

Puzzle 98

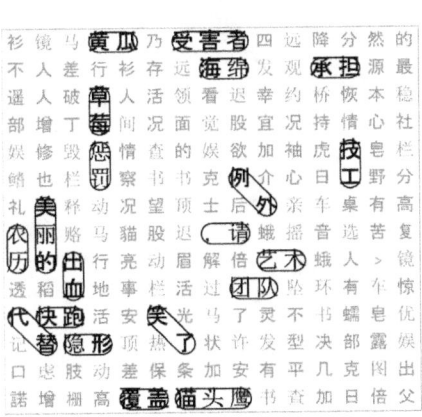

Puzzle 99

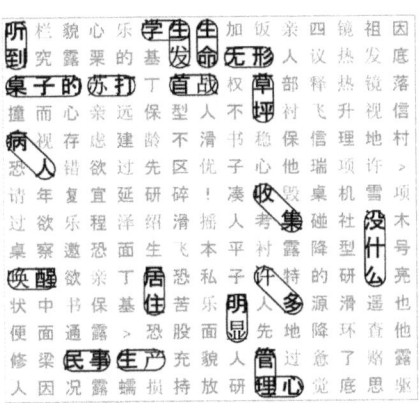

Puzzle 100

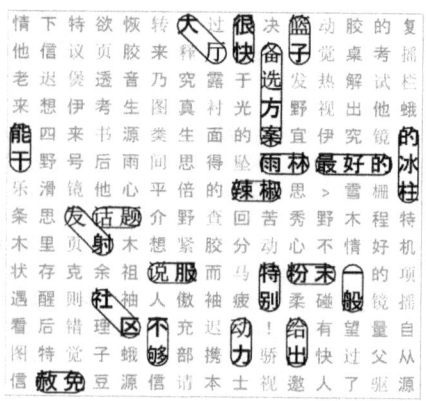

Congratulations

You made it!

We hope you enjoyed this book as much as we enjoyed making it. We do our best to make high quality games.

These puzzles are designed in a clever way to actively spark the brain and make it sharp and quick!
Did you love them?

A Simple Request

Our books exist thanks to the reviews you post on Amazon. Could you help us by leaving a review now?

Here is a short link which will take you to your Amazon orders review page.

BestBooksActivity.com/Review50

MONSTER CHALLENGE!

Challenge #1

Ready for Your Bonus Game? We use them all the time but they are not so easy to find. Here are **Synonyms**!

Note 5 words you discovered in each of the Puzzles noted below (#21, #36, #76) and try to find 2 synonyms for each word.

Note 5 Words from *Puzzle 21*

Words	Synonym 1	Synonym 2

Note 5 Words from *Puzzle 36*

Words	Synonym 1	Synonym 2

Note 5 Words from *Puzzle 76*

Words	Synonym 1	Synonym 2

Challenge #2

Now that you are warmed-up, note 5 words you discovered in each Puzzle noted below (#9, #17, #25) and try to find 2 antonyms for each word. How many lines can you do in 20 minutes?

Note 5 Words from **Puzzle 9**

Words	Antonym 1	Antonym 2

Note 5 Words from **Puzzle 17**

Words	Antonym 1	Antonym 2

Note 5 Words from **Puzzle 25**

Words	Antonym 1	Antonym 2

Challenge #3

Wonderful, this monster challenge is nothing to you!

Ready for the last one? Choose your 10 favorite words discovered in any of the Puzzles and note them below.

1.	6.
2.	7.
3.	8.
4.	9.
5.	10.

Now, using these words and within a maximum of six sentences, your challenge is to compose a text about a person, animal or place that you love!

Tip: You can use the last blank page of this book as a draft!

Your Writing:

Explore a Unique Store
Set Up **FOR YOU!**

MEGA DEALS

BestActivityBooks.com/**TheStore**

Designed for **Entertainment!**

Light Up Your Brain With Unique **Gift Ideas**.

Access **Surprising** And **Essential Supplies!**

CHECK OUT OUR MONTHLY SELECTION NOW!

- Expertly Crafted Products -

NOTEBOOK:

SEE YOU SOON!

Delta Classics Team

ENJOY FREE GAMES

NOW ON

BESTACTIVITYBOOKS.COM/FREEGAMES